돌아온, 돌아와야 할
우리 문화유산

좋아온, 좋아와야 할
우리 문화유산
_잃고 잊고 또는 숨겨진
문화유산 이야기

초판 2쇄 발행일 | 2021년 4월 14일
초판 1쇄 발행일 | 2020년 11월 20일

지은이 | 이상근, 김정윤
펴낸이 | 이원중

펴낸곳 | 지성사 **출판등록일** | 1993년 12월 9일 등록번호 제10-916호
주소 | (03408) 서울시 은평구 진흥로 68 정안빌딩 2층(북측)
전화 | (02) 335-5494 **팩스** | (02) 335-5496
홈페이지 | www.jisungsa.co.kr **이메일** | jisungsa@hanmail.net

ISBN 978-89-7889-454-8 (03900)

잘못된 책은 바꾸어드립니다. 책값은 뒤표지에 있습니다.

이 도서의 국립중앙도서관 출판예정도서목록(CIP)은 서지정보유통지원시스템 홈페이지
(http://seoji.nl.go.kr)와 국가자료공동목록시스템(http://www.nl.go.kr/kolisnet)에서
이용하실 수 있습니다. (CIP제어번호: CIP2020047359)

돌김승
서재
001

잃고
잊고
또는
숨겨진
문화유산 이야기

돌아온,
돌아와야 할

우리
문화유산

이상근·김정윤 지음

지성사

우리 문화유산들에 얽힌
알려지지 않은 이야기를 찾아서

2005년 7만 4434점, 2012년 14만 9126점 그리고 2020년 19만 3136점.

해가 거듭될 때마다 무섭게 증가하는 이 숫자는 매년 4월 1일 국외소재문화재재단Overseas Korean Cultural Heritage Foundation에서 발표하는 '국외에 있는 우리나라 문화재 수'입니다.

영국박물관, 파리 기메아시아박물관 등 세계적으로 유명한 박물관이나 하버드대학교박물관같이 세계 유수의 대학 박물관에서 한국의 문화재를 만날 때면, 타국에서 뜻하지 않게 고향 친구를 마주하는 반가운 마음이 듭니다. 그리고 이내 우리 문화재의 아름다움에 매료되어 나도 모르게 우쭐한 기분이 들 때도 있습니다.

그러나 반가움과 자랑스러운 마음도 잠시, 어쩌다 이 유물들은 제자리를 떠나 이곳까지 오게 되었나 궁금증이 들어 안내판을 들여다보고, 박물관 해설서를 찾아보고, 심지어는 도록을 사서 그 내용을 뒤져 보아도 유물의 기원과 만들어진 시기, 기증자의 이름만 언급되어 있을 뿐 우리 문화재의 여정에 대해서는 알 수 없었습니다.

『돌아온, 돌아와야 할 우리 문화유산』은 고국을 떠나 타지에서 외롭게, 그러나 의연하게 한국을 알리고 빛내고 있는 우리 문화유산들에 얽힌 알려지지 않은 이야기를 다룬 책입니다. 입이 있어 달려가고 싶다고 말한 것도 아니고, 발이 달려 스스로 떠난 것도 아닐 텐데 어쩌다 우리 문화유산이 어떤 경로로, 누구에 의해, 어떤 방식으로 곳곳에 흩어지게 되었는지 그 발자취를 흥미진진하고 이해하기 쉬운 이야기들로 전하고 있습니다. 그 이야기들을 따라가다 보면 깊은 분노와 슬픔 그리고 안타까움과 아쉬움이 마음속에 자리 잡지만, 이 책은 그런 감정들보다도 미래를 이끌어 갈 우리 청소년들이 '돌아온, 돌아와야 할 우리 문화유산'들에 대해 앞으로 어떤 마음가짐으로, 무슨 역할을 해야 하는지 그 길을 밝히고 있습니다.

1945년 광복 후 돌아온 문화재는 1만 504점, 이 가운데 국보로 지정된 것은 단 5건에 지나지 않은 사정으로 보아 국보급 문화재의 환수는 지금부터입니다.

문화유산은 예술성뿐만 아니라 역사성을 담고 있기에 일반적 물건과 다릅니다.

역사란 과거의 이야기가 아닌 계속 흘러간다는 점에서 이 책을 읽고 있는 저나 여러분의 현재도 곧 역사가 됩니다. 이 책은 이미 과거에 벌어진 문화유산의 역사에 대해 담고 있지만, 이 책을 읽는 우리 청소년 여러분이 새로운 역사를 만들어 갈 것이란 굳은 믿음과 기대를 담아 즐겁지만 엄중한 마음으로 정성을 기울였습니다.

부디 이 책이 돌아온, 돌아와야 할 수많은 우리 문화유산에 대해 한 번 더 생각해 보고 한 번 더 관심을 기울이는 계기가 되기를 간절히 소망합니다.

글을 시작하며   4

국보 제86호 고려 경천사지 십층석탑

단 5건에 불과한
국보지정 환수 문화재

역사와 민족의 정체성,
문화유산

2020년 8월 15일, 일제로부터 광복한 지 75주년이 되는 날이다.

2020년은 새해 벽두부터 코로나19의 전 세계적인 유행으로 뒤숭숭한 상황이었고, 이런 와중에 광복절 행사는 새로운 미래를 모색하는 마당이 되었어야 했지만, 불행하게도 어수선한 시국에서 맞이하게 되었다.

무엇보다 일제가 남긴 잔재를 청산하고 대한민국의 역사를 정립하자는 너무도 당연한 주장에 일각에서 신경질적이고 날카로운 반응을 보이는 탓에 사회적 논의나 실행 과정을 위한 준비가 없이 논쟁만으로 끝나게 될까 걱정이다.

이 같은 소모적인 논쟁은 역사 정립을 위한 미래 세대들의 진지한 준비의 기회를 앗아갈지 모르기 때문에 불안하기조차 하다.

독립운동가 신채호 선생은 "역사를 잊은 민족에게 미래는 없다"라고 역설했고, 박은식 선생은 "국혼이 살아 있으면 나라는 망하지 않는다"라고 강조했다.

이제는 선언적 논쟁보다는 실질적이고 구체적인 사회적 합의를 통해 한 걸음 한 걸음 나아가야 한다. 이를 구체화하는 것이 문화유산의 회복이고 문화자산의 가치 발굴이다.

광복 75주년의 논쟁이 뜨거웠던 2020년 8월 18일 국회에서는 '국보급 문화유산 회복과 환수를 위한 뉴거버넌스 구축전략 집담회'가 열렸다. 여야 의원이 참석하고 여러 관계자들이 참여한 원탁회의에서 한목소리로 문화유산의 조속한 회복을 결의하고, 함께 노력하자고 다짐했다.

역사와 민족의 정체성은 문화유산으로 이어져 발전하고 창달되기에 이를 회복하고 가치를 발굴하는 일은 이념과 정파를 떠나 모든 지역과 계층에서 함께 노력해야 할 과업이다.

1945년 이후 12개국에서
1만 400여 점 환수

1945년 일제가 패망하자 문화재 반환이 시작되었다. 당시 조선총독부 박물관을 인계한 국립박물관은 1945년 12월에 일본인 소유 문화재를 접수하기 시작했다. 이때 접수한 문화재가 서울박물관이 약 4,500점, 경주박물관이 1,500여 점, 공주박물관 100여 점, 대구박물관 300여 점으로 신라·백제 등의 역사와 깊은 관련이 있는 곳이고 오구라, 가루베 등 일본인 수집가들의 근거지이기도 했다.

또한 진단학회는 일제가 약탈한 문화재의 환수를 위해 1945년 12월 환수할 문화재 목록을 미군정청에 제출했다.

일본으로 반출된 문화재의 환수가 본격화된 것은 한일 국교정상화 회담이 열리면서이다.

1951년부터 1965년까지 총 7차에 걸쳐 협상이 진행되었고, 1966년 약 1,400여 점이 환수되는 것으로 일단락되었다.

그러나 당시 협상에서 한국 정부는 약 4,400여 점의 문화재 반환을 요구했지만 일본 정부는 한국 정부에서 요구한 수준의 3분의 1인 1,432점(106점은 1958년 반환)만 돌려주었다. 무엇보다 어처구니 없는 사실은 일본 정부가 식민지배의 불법성을 인정하지 않은 채, 한국에서 약탈한 문화재를 정당한 소유권 이전으로 주장하며 한국 정부의 '반환' 요구에 '기증'으로 대응했다는 점이다.

당시 일본 정부가 발행한 해설 책자를 보면, 이들의 입장을 확연히 알 수 있다.

우리나라[일본]가 소유하고 있는 한국에서 유래하는 문화재는 모두가 정당한 수단에 의하여 입수되어 한국으로 반환할 의무가 없지만, 한국 국민이 그 역사적 문화재에 대하여 갖는 깊은 관심 및 한국동란에 의하여 그 문화재의 다수가 산실되어 버린 사정 등에 비추어 문화협력의 일환으로써 부속서에 기재된 우리나라 소유의 문화재를 한국에 기증하게 된 것이다.

결국 '돈'이 급했던 당시 우리 정부의 양보로 '3분의 1만 인도'받았던 탓에 일본이 약탈하거나 불법 반출한 문화재의 환수 문제는 역사의 과업으로 남게 되었고, 현재를 사는 이들이 역사의 숙제를 떠안게 된 것이다.

1965년 한일협정으로 1,400여 점의 문화재가 돌아왔지만 국보로 지정된 것은 단 2점에 지나지 않았다.

국보 제124호 강릉 한송사지 석조보살좌상은 1912년 일본으로 반출되었다가 환수되어 1967년 국보로 지정되었다.

1965년 한일 문화재 반환 협상이 미완으로 그치자 국민들의 자발적인 환수 운동이 시작되었다. 1978년 재일사학자 최서면 박사가 야스쿠니신사에 북관대첩비가 있다는 사실을 밝히자 환수 운동은 들불처럼 번져 나갔다.

조선총독 데라우치가 조선 왕실에서 빌려 간 문고에 고려 문신 이암의 전적이 있다는 사실이 알려지면서 고성이씨 후손인 이종영 선생이 환수운

1912년 일본으로 반출되었다가
환수되어 1967년 국보로 지정된
국보 제124호 강릉 한송사지
석조보살좌상(출처: 문화재청)

국보 제125호 녹유골호, 신라시대 사리함으로 1967년 국보로 지정되었다.(출처: 문화재청)

동을 전개하여 우여곡절 끝에 1995년 경남대에 기증 형식으로 반환되었고, 북관대첩비는 2005년 약탈 100년 만에 남북이 힘을 합쳐 돌려받았다.

2006년 일본 도쿄대학에서 '기증'받은 『조선왕조실록』「오대산사고본」은 일제강점기인 1913년 도쿄대학으로 반출되었다가 2007년 국보로 지정되었고, 2018년 환수된 1책이 2019년 국보로 추가 지정되어 총 75책이 국보가 되었다.

국보 제185호 상지은니 『묘법연화경』은 고려 공민왕 22년(1373)에 제작한 불경으로 원소재지는 전남 영암 도갑사였으나 일제강점기에 반출되었다가, 1969년 재일교포 김대현이 자신의 재산으로 이 7권의 책을 구입하여 정부에 무상으로 기증했다.

금영측우기는 세종대왕 당시 전국에 설치한 측우기가 임진왜란을 겪으면서 사라지자, 헌종 3년인 1837년 제작되어 충남 공주 감영에 설치한 것으로 1911년 세계적 학술지 〈네이처Nature〉지에 소개되기도 했다. 여기서 금영錦營은 조선시대 충청도 감영監營을 이르던 말이다.

국보 제151-3호 『조선왕조실록』 「오대산사고본」 (출처: 문화재청)

국보 제185호 상지은니 『묘법연화경』. 1976년 국보 지정.
병풍처럼 펼쳐 볼 수 있으며 크기는 세로 31.4㎝, 가로 11.7㎝이다.(출처: 문화재청)

2020년 국보로 승격된 금영측우기.
1915년 일본인 기상학자 와다 유지가 일본으로
반출했다가 1971년 양인기 기상대장이
돌려받았다.(출처: 문화재청)

2005년 환수되어 2006년 고향인 함경북도 길주로 간 북관대첩비는 북한의 국보유적 제193호로 지정되었다.

　　또한 일제강점기에 반출되었다가 환수된 문화재 중 국보로 지정된 것은 경천사지 십층석탑과 지광국사탑이 있다.

　　현재 일본 정부가 국보 등으로 지정한 한국 문화재, 미국으로 건너간 국새와 어보 등 왕실 유물, 하늘 아래 최고라 평가받는 헨더슨의 도자기 컬렉션, 한반도 전 지역에서 역사 유물을 수집해 간 오구라 컬렉션 등 앞으로 국보급 문화재의 환수는 지금부터 시작이다.

경복궁 뜰에 있는 북관대첩비 복제품

02

돌덩이가 인질이 된 사연,
북관대첩비

**복제한
북관대첩비**

경복궁 고궁박물관 인근에는 보통사람의 키보다 훌쩍 큰 비석이 서 있다. 대부분의 방문객들은 이 비석이 어떤 사연을 담고 있는지 모른 채 그냥 지나친다. 하지만 이 비석에는 몇 편의 소설이나 영화로 만들어도 그 이야기를 다 풀어낼 수 없을 만큼 기구한 운명이 숨어 있다.

현재 경복궁에 있는 비석은 실물과 똑같이 만든 복제품이고, 진품은 본래 자리인 함경북도 길주에 있다. 북한 정부는 북관대첩비를 국보 유적 제193호로 지정하고 본래 지역 2만여 제곱미터를 보호구역으로 조성하여 보존하고 있다.

기구한 운명의
주인공과 승전비

1592년 5월, 조선 침략을 위해 부산포로 상륙한 왜군은 파죽지세로 진격을 거듭해 한양 도성을 점령했다. 왜군이 경복궁을 점령하기까지는 보름이 조금 넘게 걸렸을 뿐이다. 무책임한 임금 선조는 의주로 피난을 갔고 갈팡질팡하던 관군들은 패전을 거듭하고 있었다. 그러나 조선에는 왜군이 미처 생각지 못한 복병이 있었으니 바로 의병이었다. 나라가 위기에 처하자 조선의 백성들은 너나없이 일어나 의병대를 조직하고 왜군에 맞서 싸웠다. 당시 왜군을 떨게 했던 의병장으로는 곽재우, 조헌, 영규, 서산대사, 사명당 등이 있다.

6월 1일은 행정안전부가 국가 기념일로 제정한 '의병의 날'이다. 임진왜란 때 경상도에서 의병을 일으킨 '홍의장군 곽재우'가 처음 의병을 일으킨 날을 기념한 것이다.

조선의 의병은 패전을 밥 먹듯 하던 관군과 달리 왜군과의 전투에서 많은 승리를 거두었다. 의병들의 승전 가운데 첫손가락에 꼽히는 것이 함경북도 길주에서 벌어진 정문부 의병대의 승리다.

왜군 부대 중에 단 한 번도 패한 적 없이 연전연승하며 한반도를 쑥대밭으로 만든 가토 기요마사 부대는 단숨에 한양을 빼앗고 한반도의 최북단인 함경도 길주로 내달렸다. 당시에 함경도 지역을 두루 일러 '관북' 또는 '북관'이라 했는데 중국에서 함경도를 거쳐 한양으로 들어오는 길목인 '철령관'이라는 관문의 북쪽 지역이라 하여 그리 불렀다 한다.

가토 부대는 이곳에서 임금의 아들인 임해군과 순화군을 인질로 잡고 기세가 등등했다. 이에 정문부 장군은 왜군을 피해 도망쳐 숨어 있던 백

북관에서 용맹을 떨친 장수들의 전투 장면을 묘사한 「창의토왜도」

성들을 설득해 의병을 일으켰다. 그리고 전투 경험도 없는 오합지졸인 3,000명의 의병으로 28,000명의 정예병 왜군을 기적처럼 물리침으로써 가토 부대에게는 쓰라린 패배를, 왜군 전체에게는 역사에 남을 씻을 수 없는 치욕을 안겨 주었다.

왜군의 패전 기록 북관대첩비, 일본군 야스쿠니로 끌고 가다

정문부 장군과 의병들의 싸움은 역사의 평가를 거쳐 100여 년이 지난 1707년숙종 34, 북평사 최창대가 길주군현재 함경북도 김책시 임명동에 전승기념비를 세웠다. 높이 187센티미터, 너비 66센티미터, 두께 13센티미터에 이르는 이 비석에는 당시 전투 상황 등을 기록한 1500자가 새겨져 있는데, 이것이 바로 북관대첩비다.

그 후 200여 년의 세월이 흘렀다. 11세기 이후 700년 넘게 일본을 지배하던 봉건적 무사정권인 막부는 메이지 유신으로 신흥세력에 그 자리를 내주고 쫓겨나게 된다. 메이지 유신으로 정권을 잡은 신흥세력은 천황을 전면에 내세워 제도를 개혁하고 서구의 문물을 받아들여 자본주의와 산업화를 이루며 근대화를 꾀한다. 일본은 "조선을 정벌하여 외세로부터 독립하자"는 정한론을 앞세운 군국주의자들이 정권을 장악하고, 급기야 조선합병과 대동아공영론의 기치를 내걸며 제국주의로 나아가게 된다. 이어서 한반도에서 치른 러시아와의 전쟁에 승리한 일본은 1905년 한국의 외교권을 박탈하기 위한 을사늑약을 맺기에 이른다.

1905년 러일전쟁 당시 일본군 제2사단 17여단장 이케다 마사스케 소장은 북관대첩비를 발견하고, "우리 조상들이 조선인에게 패전한 기록을 그냥 둘 수 없다"며 그 먼 길을 거쳐 대첩비를 일본으로 끌고 갔다. 일본군은 북관대첩비를 전리품으로 취급하여 천황에게 바치는 예식을 치르고 군국주의 상징인 야스쿠니신사로 보냈다.

끌려간 북관대첩비는 야스쿠니신사 뒤뜰에 방치된 채 모진 수모를 견뎌야 했다. 일제는 대첩비의 기를 누른다며 1톤이 넘는 돌덩이를 비석 위에 올려놓았고 바닥은 콘크리트 더미로 처발라 놓았다. 북관대첩비는 그런 어처구니없는 상태로 그야말로 파괴될 날만 기다리는 형국이었다. 일제는 심지어 비석의 내용이 전부 허위라는 왜곡까지 서슴지 않았다.

인질이 된 대첩비,
남북이 힘 합쳐 100년 만에 환국하다

대첩비가 야스쿠니신사에 방치되어 있다는 사실을 밝힌 사람은 독립운동가 조소앙 선생이었다. 선생은 야스쿠니신사에서 이 비석을 발견하고는 1909년 〈대한흥학보〉에 대첩비의 소재를 알렸다.

그러나 곧 이은 일제강점기와 한국전쟁을 거치며, 격동의 역사 속에서 대첩비의 존재는 그렇게 잊히는 듯했다. 그러던 1978년, 재일한국인 사학자 최서면 박사가 조소앙 선생의 기고문을 접한 뒤 야스쿠니신사에 방치된 북관대첩비를 찾아냈고, 한국 정부와 언론에 이 사실을 알렸다.

정문부 장군의 후손인 해주정씨 종친회는 야스쿠니신사에 대첩비를 반환할 것을 요구했고 한국 정부 또한 이에 동참했다. 그러나 일본 측은 반환을 계속 거부했고, 나중에는 마지못해 "북관대첩비는 북한 지역에 있던 것으로 남북이 요청하면 반환할 수 있다"는 입장을 내세웠다.

2005년 3월, 한일 불교계가 중국에서 북측의 조선불교도연맹과 북관대첩비 원소재지 반환에 합의함으로써 더 이상 반환 거부의 명분이 없었던 야스쿠니신사 측은 결국 2005년 10월 북관대첩비를 한국으로 반환하게 된다. 북관대첩비가 일제에 인질로 끌려간 지 꼭 100년 만이다.

2006년 3월 1일, 개성에서 북관대첩비를 북측으로 인도하는 환송회가 열렸고, 4월 25일 경복궁에는 복제한 북관대첩비가 세워졌다. 본래 자리인 길주에는 진품이 자리하게 되었다.

문화유산의 가치와 반환 과정을
모두 보여 준 북관대첩비

북관대첩비의 사례는 문화유산의 가치가 무엇인지를 잘 보여 준다. 일제는 왜구를 토벌한 황산대첩비나 이순신 장군 승전비 등은 대부분 파괴했다. 이와 달리 북관대첩비는 바다 건너까지 굳이 끌고 가 야스쿠니신사에서 방치하고 학대했다.

왜 일본군은 돌덩이에 지나지 않은 비석을 그 많은 수고를 무릅쓰고 제 나라까지 끌고 갔던 것일까?

일본제국주의는 전승비라는 유물은 없앨 수 있지만 승리의 기억은 조선 백성들의 마음속에 영원히 남는다는 사실을 알고 있었다. 그래서 전승비를 없애기보다는 전리품으로 끌고 가 그들의 역사 말살과 왜곡의 도구로 사용하고자 했던 것이다. 더구나 북관대첩비는 관병과의 전투도 아닌 의병과의 전투에서 패한 역사를 기록한 것으로, 일본 입장에서는 생각하기도 싫은 수치스러운 사건을 담고 있는 비석이었다. 조선을 빼앗기 위해선 '조선의 힘'을 말살해야 했기에 나라의 위기 때마다 들불처럼 일어났던 조선 의병의 역사를 반드시 삭제할 필요가 있었다. 이런 이유로 북관대첩비를 야스쿠니신사에 방치할 때도 "비석의 내용은 사실이 아니다"라며 그 내용을 부정하고 왜곡했던 것이다.

북관대첩비

북관대첩비의 반환 과정은 마치 한 편의 영화와 같았다. 조소앙 선생이 남긴 한 줄의 기록이 후대에 이르러 살아 있는 소중한 정보가 되었다. 기록의 중요성을 일깨워 주는 사례이다.

북관대첩비가 1978년 한국에 소개된 이후 2005년에 반환되기까지 30여 년이 걸렸지만, 북관대첩비 환수 과정에서 문화재 반환에 남북 공조가 처음으로 본격화되는 계기가 마련되었다.

북관대첩비는 북한 정부의 국보로 지정되고 상당한 규모의 보존지역도 함께 마련되어 그 가치와 100년 만의 귀국에 걸맞은 대우를 받게 되었다. 당연한 말이지만, 문화유산은 본래 자리에 있을 때 그 가치와 의미가 비로소 온전히 구현되는 것은 아닐까?

「천상열차분야지도」목판본
(선조 또는 영조 대의 제작품 추정, 서울대학교 규장각 소장)

03

북두칠성 말고
남두육성도 아시나요?

**고인돌에
별자리를 새기다**

아득한 옛날, 고대인들은 계절이 바뀌고 해가 바뀌는 것을 어찌 알았을까?

지금은 달력이 있어 달이 가고 날이 바뀌는 것을 쉽게 알 수 있지만 달력이 없었던 그때는 꽃이 피고 눈이 오는 것을 보며 계절의 흐름을 느끼고 지금이 어느 시기인지를 알아차렸을 것이다.

자연에 깃들여 사는 생명들에게 지금이 어느 시기에 속하는지를 안다는 것은 매우 중요한 일이다. 농사와 수렵, 채취가 모두 날씨와 계절의 영향을 받기 때문이다. 때문에 당시 통치자들은 하늘의 비밀과 흐름을 아는 것에 온 힘을 다 쏟았다. 고인돌에서 별자리 유적이 발견되는 이유도 바로 고인돌이 권력자의 무덤이기 때문이다.

우리 조상들은 이처럼 아득한 옛날부터 꾸준히 별자리를 관찰하고 기록함으로써 후대에 어마어마한 자료를 남겨 후손들이 자연을 이해하는

데 도움을 주었고 자신은 하늘의 별이 되고자 했다.

고인돌에 새겨진 별자리 유적은 전라남도 화순군, 충청북도 청원군, 경상남도 함안군, 황해북도 은율군, 함경남도 함주군 등 한반도 전역에서 발견된다. 2005년 한 언론은 북한에서 별자리 고인돌 200기를 발견했다고 보도하여 세상을 놀라게 했다.

이처럼 한반도 전역에서 별자리 고인돌이 많이 발견되는 이유는 세계 전체 고인돌의 절반 이상이 한반도에 있기 때문이다. 한반도에는 약 4만 기의 고인돌이 있는데 이는 전 세계에서 발견된 7만여 기의 절반을 넘는 것으로, 전라남도에만 2만여 기가 발견되어 세계에서 가장 높은 면적당 고인돌 밀집도를 보인다.

돌에 별자리를 새기는 전통은 고조선, 고구려, 고려, 조선에 이르기까지 계속되었다. 대표적인 유물이 조선 건국 직후에 제작된「천상열차분야지도」이다. 1241년에 제작하여 가장 오래된 중국의「순우천문도」다음으로 오래된「천상열차분야도」는 돌에 새긴 천문도로 1,467개의 별들이 선으로 연결되어 290여 개의 별자리를 이루고 있다. 놀라운 사실은 흔히 알려진 것처럼 단순히 중국의 것을 모방한 것이 아니라 이슬람 과학도 수용하여 우리 식으로 보완하면서 우리만의 별자리를 완성했다는 점이다.

삶을 주관하는 남두육성과
죽음을 주관하는 북두칠성

별자리 중 가장 널리 알려진 것이 북두칠성이다. 국자 모양의 7개 별로 이루어진 별자리로 북반구에서는 어느 때나 볼 수 있기에 시간과 방향을

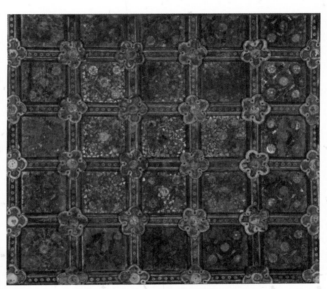

경상남도 양산 통도사 대웅전 천장에 그려진 별자리 단청

알 수 있어 여행자의 길잡이가 되어 주는 매우 고마운 별자리이다. 고인
돌 별자리, 고구려 고분벽화,『조선왕조실록』에는 어김없이 이 북두칠성
이 등장한다.『조선왕조실록』에는 북두칠성과 관련하여 46건의 기록이
남아 있다.

　　그러나 '남두육성南斗六星'은 생소하다. 여름밤 남쪽 하늘에 나타나는
남두육성. 서양의 궁수자리에 속하는 이 여섯 개의 별은 북두칠성과 마
주하고 있다. 은하수에 반쯤 잠긴 국자 모양으로, 북두칠성보다 훨씬 작
고 어둡다. 우리 선조들은 고구려 고분벽화나『조선왕조실록』등에 남두
육성에 대한 기록도 함께 남겼다. 남두육성에 대한『조선왕조실록』의 기
사를 보자.

　　효종 4년(1653) 9월 7일
　　달이 남두괴南斗魁 가운데에 들어가 둘째 별을 범하였다.

　　숙종 8년(1682) 11월 5일
　　달이 남두육성의 셋째 별을 범하였다.

　　달이 별에 가까이 다가가서 달빛으로 별을 가린 것을 '범하였다'로 기
록한 것이다. 남두괴는 남두육성의 머리 부분으로 사각형을 이룬 네 별을
말한다.

　　하지만 지금 남두육성을 아는 사람들은 얼마나 있을까?

　　우리의 전통 천문 연구는 일제강점기에 말살되어 그 맥이 끊어지고,
광복 이후에는 서양식 연구와 교육으로 대체되었다. 수많은 고대 천문 기

록과 유물들이 약탈, 반출되어 우리 품으로 돌아오지 못하고 있다. 한 조사에 따르면, 수많은 우리나라의 고대 천문 유물과 자료들이 프랑스, 영국, 일본, 중국, 독일 미국 등 각지에 흩어져 있다. 한 예로 일본 국회도서관에 「규일신서」, 「천문도」 등의 우리 천문 유산이 보관되어 있다.

우리 눈으로 본
우리 별자리, 바로 알자

우리가 배워서 알고 있는 대부분의 별자리는 1930년, 국제천문연맹IAU이 정한 88개의 별자리이다. 88개의 별자리는 황도 12개, 북반구 28개, 남반구 48개의 별자리로 대부분 그리스·로마 신화에 등장하는 동물이나 영웅 등의 이름을 하늘의 별자리에 붙인 것들이다. 헤라클레스자리, 황소자리, 오리온자리, 페르세우스자리, 안드로메다자리 같은 이름들로.

그러나 '남두육성'과 같이 우리 선조들의 눈으로 보고 이해한 별자리들도 있다.

2019년 우리의 별자리 지도를 조사하러 일본 국회도서관, 동양문고도서관 등지를 방문 조사했는데, 그중 일본 국회도서관에서 본 박연의 「혼천도」를 잊을 수 없다. 세종 때 제작한 별자리 지도가 펼쳐지는 순간 우리 조상들의 눈과 마음으로 보았던 하늘 세계가 함께 펼쳐진 것이다. 이 별지도에는 처음 들어 본 낯선 별자리들이 빼곡히 기록되어 있었다. 무려 45개의 별을 묶은 우림군羽林軍, 하늘의 군대를 나타내는 여러 개의 별들, 하늘 농장, 하늘의 조정, 하늘의 종묘, 식물원, 동물원 등 땅 위의 세상을 하늘로 옮겨 놓은 선조들의 별자리 세상이 펼쳐졌다.

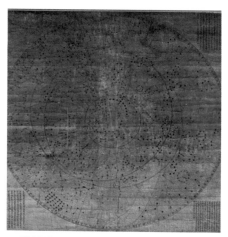

일본 국회도서관에 소장된 조선시대 박연의「혼천도」

별자리마다 사연과 이야기를 간직하고 있는데 전래동화「견우와 직녀」로 잘 알려진 견우성과 직녀성이 그 예이다. 그리고 2~3월 저녁에 제주도 남단에서도 보이는 노인성에는 "이 별을 보면 오래 산다"는 전설이 깃들어 있다.

우리의 옛 선인들은 오랜 기간에 걸쳐 많은 것들을 기록으로 남겼다. 이런 노력들 덕분에 한국은 세계기록유산을 전 세계에서 네 번째로 많이 가지고 있는 나라가 되었다(독일 23건, 영국 22건, 폴란드 17건, 한국 16건).

여기에 덧붙여 '고대 천문 기록'을 세계기록유산으로 등재해야 한다. 『삼국사기』, 『고려사』, 『조선왕조실록』 등에 기록된 천문 기록만 140만여 건이다. 오랜 기간에 걸쳐 지속적이고 광범위하게 관측했을 뿐만 아니라 정확도에서도 중국과 어깨를 나란히 하고 일본을 뛰어넘는다.

1437년에 기록된 전갈자리 신성(『세종실록』)과 1604년에 관측된 케플러 초신성(『선조실록』) 등 우리 선조들은 희귀한 천문 관측 기록을 남겼는데 이는 세계적으로도 귀중한 천문 기록으로 평가 받고 있다.

이제는 국외로 불법 반출된 고대 천문 기록과 유물을 되찾는 일과 세계기록유산으로 등재하는 일, 그리고 한국의 우수한 고대 천문과학기술을 다시금 되새기고 잘 알릴 수 있는 '고천문역사박물관'을 건립하는 일을 시작할 때다.

하반신 반가사유상(국립부여박물관 소장)

04

일본에는 있지만 정작
백제에는 없는 반가사유상

백제의 왕도 부여에 남은
하반신 반가사유상

왼쪽 사진을 보라. 하반신만 있다. 충남 부여 부소산에서 발견된 하반신만 남은 반가사유상은 현재 백제의 왕도였던 부여에 남아 당시 백제의 문명을 증언하고 있다. 하반신 높이가 13.3센티미터이니 전체 모습은 25센티미터 남짓으로 추측하고 있다. 작지만 돌에 새긴 손이며 옷자락이 섬세하다. 비록 반밖에 남지 않았지만 백제 땅에서 발견된 확실한 백제 불상으로 그 가치를 인정받고 있다.

그럼 온전한 반가사유상은 어디에 있을까?

먼저, 서울 용산에 있는 국립박물관에 있다. 국보 제78호이다. 1912년에 일본인이 입수하여 조선총독 데라우치가 은밀히 보관하다가 1916년, 조선총독부박물관에 기증했다. 광복 후 조선총독부박물관이 국립중앙박물관이 되고 그 소장품들이 그대로 이관되면서, 국립중앙박물관에 전시되어 있다.

국보 제78호는 머리에 화려한 관冠을 쓰고 네모꼴에 가까운 얼굴에 광대뼈가 나왔다. 살짝 미소 띤 얼굴이 깊은 사색에서 막 깨어난 듯한 모습이다. 상체는 당당하고 하체는 우아하다. 오른발을 왼쪽 다리 위에 올린 반가半跏의 형태로 한국적 보살상의 전형이라 평가한다. 6세기 중엽에 제작된 것이다.

그 밖에 국내에 있는 백제계 반가사유상은 국보 제84호 서산 용현리 마애여래삼존불에 있는 마애반가사유상, 김제 동판반가사유상이 있으며 보물 제331호 방형대좌 반가사유상과 백제 멸망 후 제작된 보물 제368호 연기 비암사의 반가사유상이 있다. 김제 동판반가사유상과 방형대좌 반가사유상도 국립중앙박물관이 보관하고 있다.

결국 백제의 왕도였던 공주와 부여에는 온전한 반가사유상은 없고 하반신만 남은 반가사유상만이 남아 있다. 왜 그럴까?

금동미륵반가사유상, 오구라가 반출하다

백제계 반가사유상은 일본에 11점, 프랑스에 1점이 있는 것으로 조사되었다. 일본 도쿄국립박물관에 3점이 있고, 대마도 정림사, 나가노 관송원, 도쿄예술대학 등에도 있다.

일본에 있는 반가사유상 중에 눈에 띄는 불상은 일제강점기 당시 오구라가 반출해 도쿄국립박물관에 기증한 금동미륵반가사유상이다. 높이 16.4센티미터의 반가사유상은 오구라 컬렉션을 대표하는 작품 중 하나로 현재 도쿄박물관을 대표하고 있다.

국외소재문화재단에서 발간한 『오구라 컬렉션』 자료에 따르면, 조선총독부가 한국 문화재의 대표작들을 집대성하여 편찬한 도록『조선고적도보』에도 금동미륵반가사유상이 실려 있었다고 한다. 그런데『조선고적도보』에는 이 작품이 오구라가 아닌 경성공소원 판사 미야케 조사쿠三宅長策, 1868~1969의 소장품으로 나와 있다.

　1941년 일본 고고학회에서 펴낸『오구라 다케노스케의 소장품 전관목록』에 따르면 이 사유상은 충청남도 공주 부근 산성의 탑 가운데에서 발견되었다. 구마가야도서관에 있는 1960년 오구라 컬렉션 목록에도 미야케의 소장품으로『조선고적도보』에 실려 있다는 기록과 함께 "미야케가 사들여 메이지 연간1868~1912에 일본에 들여온 것"이라고 적혀 있다. 이는 반가사유상의 유통경로를 더욱 구체적으로 추정할 수 있게 해준다. 1941년 도쿄에서 열린 소장품 전시목록에도 실린 것으로 보아 오구라가 이 반가사유상을 입수한 시기는 그 이전일 것으로 소개하고 있다.

오구라 컬렉션의 환수는
국민의 염원

　오구라 컬렉션은 1965년 한일 문화재 반환 협상에서도 한국 정부가 반환을 요구했던 훌륭한 한국 문화재 컬렉션으로, 당시 일본 정부가 개인 재산이라는 이유로 반환을 거부했지만 현재는 국립도쿄박물관에 기증되었기 때문에 불상에 관한 소유권은 일본 정부로 넘어오게 되었다.

　따라서 소유권이 개인에서 일본 정부로 넘어간 점을 반영해 추가적인 반환 요구가 이루어져야 한다. 이제 반가사유상의 출토지인 충남 공주시

금동미륵반가사유상(도쿄국립박물관 소장)

를 중심으로 불상 반환을 일본 정부에 적극 요구해야 한다.

현재 우리나라에서 국보로 지정된 반가사유상은 고구려, 백제, 신라를 대표하는 금동불 3점과 돌에 새긴 마애불 2점이 있다. 그만큼 수준 높은 고대 문명과 예술을 밝혀 주는 지표이다.

백제의 미소를 상징하는 반가사유상이 정작 백제의 왕도인 공주와 부여에 완전체가 없다는 사실은 문명의 단절을 의미하며, 우리 예술에 대한 자긍심에 큰 상처를 입힌다. 이것이 백제의 미소를 하루빨리 되찾아와야 하는 이유다.

백제 금동관음보살입상

05

기구한 운명의 두 불상,
백제 금동관음보살입상

백제의 미소

살짝 감은 눈
입꼬리 씰룩하며
터지는 콧망울

어깨를 타고 흐르는
간결한 옷매무새
비틀어 선 허리는
비현실의 극치

손끝의 정병은
뭇 중생을 위한 치유의 보약
누구의 손길일까?

궁금하고 궁금하였는데
백제인의 지극 기도로 탄생한
백제의 꽃, 미소보살이여

인연의 꽃
불꽃의 눈물
슬퍼도 슬퍼할 수 없는
그래서 핀 미소보살
부여의 꽃이여

한국과 일본으로 헤어진 백제 금동불

충남 부여 규암리의 옛 절터에서 금불상 두 점이 발견된 것은 1907년이다. 밭을 갈던 농부가 땅속에서 가마솥을 발견했는데 그 속에 금빛 찬란한 불상이 두 점 있었다. 두 불상은 모두 서 있는 모습이었지만 그 모양과 크기가 달랐다. 각각 21.1센티미터와 26.5센티미터의 크기였으며, 그중 미소가 아름다운 불상이 좀 더 컸다. 그 불상은 배를 약간 내밀고 서 있는 관음보살의 유연한 삼곡자세三曲姿勢를 취하고 있었는데, 그 자태와 미소로 보아 이 불상이 최고 수준의 작품이라는 것을 단번에 보여 주었다.

어느 위급한 순간에 불상을 솥단지에 모시고 땅속 깊이 묻은 채 황급히 떠났을 그 누구를 생각하면서 이 불상들을 발견한 농부는 주인을 찾아 줄 것을 요청하며 이를 일본 통감부 헌병에게 알렸다. 하지만 속이 시커먼 일본 헌병대가 순순히 주인을 찾아 곱게 돌려줄 리 만무했다. 주인을 찾아 주겠다고 1년을 보관하던 헌병대는 오히려 일본인들을 상대로 불상 경매를 진행하기에 이른다. 이때가 바로 천 년을 함께해 오던 두 불상의 행로가 달라지게 된 때다. 니와세 하쿠쇼는 경매에서 두 불상을 낙찰받은 후, 1922년 수집광 이치다 지로에게 미소가 아름다운 불상 하나를 팔게 된다.

조선 문화재 수집광 이치다 지로가 백제의 미소보살을 손에 넣자 소문은 일본인들 사이에 급속히 퍼졌다. 그중 유독 미소보살에 탐을 낸 자가 있었으니 바로 악명 높은 도굴왕 오구라 다케노스케였다. 전하는 말에 따르면, 당시 오구라는 한반도 전역에서 전 시대에 걸쳐 출토한 유물을 3천여 점 넘게 가지고 있었지만 최고의 불상인 백제 금동불은 손에 넣지 못했다.

이에 오구라는 이치다에게 "60만 원을 줄 테니 양보하라"고 했지만, 이치다는 "100만 원을 줘도 양보할 생각이 없다"며 단칼에 거절했다고 한다. 이치다는 후에 이 불상을 일본으로 반출했고 끝까지 공개하기를 거부했다.

반면 니와세가 소장한 금동불은 1939년 조선총독부가 보물로 지정했다. 보물 지정으로 반출 위기를 넘긴 작은 금동불은 광복 후 한국 정부가 압수했고, 1997년 국보 제293호로 지정되어 고향인 국립부여박물관에 남아 1922년에 헤어진 또 다른 금동불을 기다리고 있다.

백제 미소보살은 돌아올 수 있을까?

백제 금동불을 어디서 누가 만든 것인지 아직까지 밝혀진 바는 없다. 다만 7세기 위덕왕 시기에 제작한 백제 금동대향로와 문양 등이 비슷하

고 최고의 조형미를 보여 준다는 점에서, 백제 금동관음보살입상 역시 위
덕왕 때 창건된 왕흥사지에서 제작되었을 것이라고 추정하기도 한다.

　백제 금동대향로는 1993년 충남 부여 능산리 절터에서 발굴되었는데
발견 당시 향로는 목곽 수조 안 진흙 속에 파묻혀 있었다. 마치 누군가 긴
급한 상황에서 향로를 파묻고 떠난 듯했다. 땅속 솥단지 안에 들어 있던
두 구의 금동불과 마찬가지로 어떤 위험한 상황에서 누군가가 규암리 절
터에 다급히 숨겨 놓았던 것으로 보인다.

1993년 부여 능산리
절터 물구덩이에서 발견된
백제금동대향로(출처: 문화재청)

그 위급했던 시기가 백제 멸망 때나 왜구가 부여 일대를 침략한 고려 말이 아니었을까 추측할 뿐이다.

그 불상 중 하나는 1907년 우연히 발견한 농부에게서 일본 헌병대로, 그리고 경매를 거쳐 니와세의 소유였다가 1922년 이치다 지로에게 팔린 후 1970년 현재의 소장자의 손에 넘어오게 되었다. 불상을 돌려받기 위해 현재 소장자가 불상을 취득한 과정에 대해 불법성을 입증해야 하는데 지금으로서는 어려움이 많다. 대신 불상이 현재의 소장자에게까지 전해지게 된 유통과정의 문제점을 제기하면서 환수 협상을 해나가야 한다.

그렇다면 불상을 환수할 방안에는 무엇이 있을까? 현재로서는 소장자가 선의로 기증하거나, 아니면 소장자에게 어느 정도 보상을 하고 불상을 다시 제자리로 돌려놓는 방법이 있다. 이에 한국 정부는 불상을 매입하기로 결정하고 소장자와 접촉했으나 환수에 이르지 못했다. 문화유산회복재단과 보살상이 발견된 충청남도와 부여군에서 환수를 위한 노력을 계속하고 있어, 민간단체와 지방정부의 협력을 통해 환수할 가능성은 아직 열려 있는 상태다.

도쿄박물관에서 만난 계룡산 분청사기

06

오구라가 가져간
충남 공주 학봉리 조선 분청사기

고려청자 수집에 혈안이 된
도요토미와 이토

도쿄국립박물관에 있는 1,100여 점의 오구라 컬렉션 중에는 20여 점의 분청사기가 있다. 그중 대표적인 것이 '계류산溪流山 출토 분청사기 철화연화어문병'이다.(여기서 계류산은 계룡산鷄龍山을 잘못 표기한 것이다.)

물고기 모양이 아름답게 그려진 분청사기는 한국에서도 국보로 지정되어 있는데 큰 크기와 수려한 곡선이 최고 수준의 도자 기술과 예술성을 보여 주고 있다.

현재 국보로 지정된 분청사기는 '국보 제178호 분청사기 음각어문 편병', '국보 제179호 분청사기 박지연화어문 편병' 등이다. 우리나라의 분청사기는 일본에서도 중요문화재로 지정되어 있는데, '분청사기 인화연주문호(재단법인 세이카도문고 소장)', '분청사기 잔(공익재단법인 모로토재단)' 등이 있다.

익히 알려졌듯이 오랜 옛날부터 일본은 조선의 도자기에 미쳐 있었다고 해도 지나친 표현이 아니다. 1592년 조선 침략임진왜란의 이유 중 하나가 한국의 훌륭한 도자기 때문으로, 도요토미 히데요시의 지시에 따라 도공을 납치하고 도자기와 원료까지 약탈했다는 사실은 나고야성박물관에도 기록으로 남아 있다.

1905년 을사늑약을 체결하고 초대 통감으로 온 이토 히로부미는 고려청자 수집에 혈안이 되어 골동품 상인에게 웃돈을 주면서 고려청자를 마구잡이로 수집했다고 한다. 이때 개성에 있는 대부분의 고려 왕릉, 고분 등이 도굴당했다는 것이다. 이토는 수집한 2만여 점에 이르는 고려청자를 일본의 왕족이나 귀족에게 헌납하기도 했다. 이토가 약탈하다시피 수집했던 고려청자 중에는 진귀하고 수준 높은 것이 많아서 1965년 한국 정부가 일본과의 문화재 반환 협상에서도 반환을 요구했지만 겨우 103점만이 환수되었다.

당시 일본인 골동품 상인들은 왕릉이나 고분을 도굴했을 뿐만 아니라 도자기를 생산하던 가마터 역시 집중적으로 도굴했다. 총독부도 한반도의 가마터를 발굴하고 약탈했는데 대표적인 곳이 당시 조선백자를 주로 생산하던 경기도 광주 도요지陶窯址와 분청사기를 생산하던 충남 공주 도요지였다.

공주의 계룡산 도요지는 특히 철화鐵畫 기법으로 유명한데 이곳에서 제작된 철화 도자를 오구라가 수집해 갔다. 현재 도쿄박물관에 있는 분청사기 '철화연화어문병'과 '철화모란문병'이 그것들이다.(분청사기는 장식기법에 따라 상감象嵌, 인화印花, 조화彫花, 박지剝地, 철화鐵畫, 귀얄, 분장粉粧으로 구분한다.)

공주 학봉리 도요지는 조선총독부가 1927년 처음으로 발굴한 가마터로, 5기의 분청사기 가마와 백자 가마 1기가 발견되었다. 공주에는 학봉

리 외에도 신영리청자, 도신리, 온천리, 안양리분청사기 등 60여 개의 가마터
가 있었다.

일제강점기에 계룡산 도요지는 도자기 수집가들의 사냥터나 다름없
었다. 당시 전국에서 모인 골동품 상인들은 온전한 분청사기는 물론 깨진
조각까지 거래했을 정도로 이곳에서 제작된 도자기들은 인기가 높았다.

1926년에는 충청남도 공주군 반포면, 학봉면의 계룡산 지봉 기슭에 있
는 도요지에서 도기(대부분 분청사기)와 그 잔편들이 빈번하게 도굴당했고
골동상들이 여기저기서 몰려들었으며, 심지어는 멀리 도쿄東京, 오사카大
阪 등지에 보내져 비싼 가격에 거래되었다.

한국 정부가 국보로 지정한 분청사기는 '박지'와 '상감' 기법이 있을 뿐
'철화' 기법으로 만들어진 것은 없다. 최고의 철화분청사기 생산지인 학

분청사기 철화연화어문병(粉靑沙器鐵畵蓮花魚文瓶)

■ 조선 15~16세기
■ 유물번호 TG-2795
■ 높이 28.8센티미터
■ 입지름 6.5센티미터
■ 바닥지름 8.2센티미터
■ 도쿄국립박물관
■ 오구라 컬렉션

2019년 7월 도쿄박물관 동양관 5층 전시실에서 만난 계룡산 분청사기

봉리 도요지에 그 우수하고 찬란했던 도자 문명을 밝혀줄 도자기가 남아 있지 않다는 것이 안타깝기 그지없다.

이번에는 꼭
'오구라 컬렉션'을 환수하자

'오구라 컬렉션'은 오구라 다케노스케가 일제강점기 당시 한국에서 도굴 등의 불법적인 방식으로 수집한 한국 문화재를 일컫는다.

오구라는 1920년대부터 수천 점의 문화재를 광범위하게 수집했는데 일제가 패망하기 전까지 3천여 점의 문화재를 일본으로 반출했다. 한국이 해방되자 미처 반출되지 못한 문화재 중 일부는 환수되어 국립경주박물관이나 경북대박물관 등지로 흩어졌다. 오구라 다케노스케는 자신이 보유한 문화재를 관리하기 위해 1954년 '오구라 컬렉션 보존회'를 설립했다.

오구라와 그의 수집품들은 그 규모와 내용 면에서 당대에 이미 널리 알려졌으며 1950년대부터 한일 문화재 반환 협상의 주요 쟁점이었다. 1958년 제4차 한일회담에서 한국은 약탈되어 일본에 있는 것이 확실한 문화재를 열거하면서 '오구라 다케노스케 소장품'을 명시했다. 개인 소장품이라 할지라도 그 가치와 중요성으로 볼 때 본래 있던 자리로 반환되어야 한다고 강조했다.

한국은 오구라 컬렉션에 경남 창녕에서 출토된 금동 유물과 금관총 출토품이 있다는 사실을 지적했다. 1933년부터 조선총독부가 고적 보존에 관한 법령을 시행해 문화재를 마음대로 유출할 수 없게 되었는데 이렇듯 귀중한 유물이 어떻게 개인 소유로 넘어가 반출되었느냐는 것이었다. 일본은 '개인이 벌인 일에 국가가 개입할 수 없다'는 입장만을 고수했다.

1960년대엔 한국 대중에게도 오구라 컬렉션의 존재가 알려지게 되었다. 1964년 오구라 다케노스케는 한국 언론과의 인터뷰에서 자신이 한국에서 수집한 문화재 5천여 점 가운데 8할을 대구에 두고 온 것이 아쉽다고 했다. 거기에 한술 더 떠 당시에 가져가지 못했던 문화재들을 돌려받고 싶다는 망언까지 더해 듣는 이들의 억장을 무너지게 했다. 대구에서는 그가 남긴 문화재 130여 점이 수습되었다.

여기서 우리는 일본 정부의 신의信義에 대한 문제를 제기할 수 있다. 1965년 한일협정 당시 일본 정부는 오구라 컬렉션 등은 개인 소유이므로 국가가 반환에 개입할 수 없다고 했다. 다만 부속서에는 개인 소장품이라 하더라도 반환을 '권유'한다고 명시해 놓았다.

그러나 오구라 다케노스케가 사망한 후 컬렉션은 보존회가 보관하다가 1981년 오구라 다케노스케의 아들이 국립도쿄박물관에 1,100여 점을 기증했다. 그러자 일본 정부는 한국과 그 어떤 협의도 없이 도쿄박물관으로 모든 소유권을 양도해 버렸다.(컬렉션 전부가 국립도쿄박물관에 간 것은 아니며 조사 결과 일본에 있는 다른 박물관도 일부 소장한 것으로 확인되었다.)

이처럼 유물이 오구라 개인의 소유였을 때나, 그가 죽은 후 그 소유권이 일본 정부로 넘어간 후에나 일본 정부는 변함없이 우리의 반환 요구를 외면하고 있다. 이에 출토지인 충청남도와 공주시 그리고 문화유산회복재단이 나서서 본격적인 환수 활동을 전개하고 있다. 1,100여 점의 문화재 중에 학봉리에서 출토된 '철화분청사기'와 송산리에서 출토된 '원두대도' 그리고 공산성에서 출토되었다고 추정되는 '금동미륵반가사유상'이

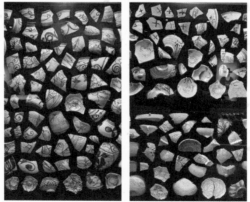

국립공주박물관에 전시된 분청사기와 학봉리 출토 분청사기 파편들

그 대상이다.

　오구라 컬렉션의 유물들은 일본인들이 한반도 전 지역에 걸쳐, 선사시대부터 조선시대에 이르기까지 수집한 한반도 역사의 전부라 할 수 있다. 오구라는 일본이 불법으로 조선을 침략한 후 조선으로 건너와 대구에서 남선합동전기라는 회사를 차려 막대한 부를 이루었다. 식민지 조선을 착취하여 축척한 재산을 기반으로, 당시 조선총독부의 묵인 아래 닥치는 대로 문화재를 수집하고 고분을 도굴하는 등 부당하고 불법적인 행위를 서슴지 않았다. 이렇게 불법적으로 반출된 문화재를 환수해 원래의 자리로 되돌리는 일은 우리나라 온 국민의 숙제이자 숙원으로 남아 있다. 이제 본격적인 오구라 컬렉션의 환수를 위해 온 국민의 염원을 모을 때다.

부석사 금동관음상

07

서산 부석사 금동관음상
환수 운동에 관한 10문 10답

부석사 금동관음상이 국내에 들어온 지 8년이 되었다. 2012년 국내 반입 이후 한국과 일본의 외교 갈등과 일본 극우세력의 험한 행위, 금동관음상 하나 얻으려다 국익을 잃게 되리라는 국내 일부의 소탐대실 주장, 2심 재판부의 복제품 주장 등 여러 논란이 있었다. 그러나 소유권을 주장하는 부석사는 두 번의 재판을 거치면서 2013년 2월 가처분 신청과, 2017년 1월 소유권 인도 1심 재판에서 승소했다. 항소심은 3년이 지나고 있다.

2019년 11월 24일, 부산에서 한국과 일본의 연구자들이 모여 부석사 관음상의 행방을 놓고 토론회를 열었다. 그동안 '불상 사건'에만 몰두하느라 한국과 일본의 연구자들이 '문화재에 대한 연구와 역할, 방향' 등에 공동의 노력이 부족했음을 성찰하면서 진지한 토론과 연구를 위해 마련된 자리였다.

한일 연구자 토론회에서 제기된 논점들을 정리하는 것은 앞으로 일본에 소재하고 있는 한국 문화재의 연구에도 중요하다. 이에 10문 10답으로 그 내용을 풀어본다.

1) 이 불상의 진짜 이름이 무엇인가?

금동관음상을 이르는 명칭만 보더라도 한국과 일본의 견해 차이를 분명하게 알 수 있다. 한국은 '서산 부석사 금동관세음보살좌상瑞山浮石寺金銅觀世音菩薩坐像'이라 한다. 반면 일본은 '관음사의 관세음보살좌상觀音寺の觀世音菩薩坐像'이라고 한다.

불상이 조성된 곳은 고려국 서주다. 서주는 현재 충남 서산의 옛 이름이다. 처음 불상을 조성할 당시 이에 참여한 32인의 시주자들은 '결연문'을 통해 "서로 인연이 있는 사람들이 힘을 합쳐 중생을 제도하기 위해 불상을 주조하고 공양한다"는 불상 조성의 목적과 "부석사에 봉안하고 영원토록 봉안, 공양하고자 서원한다"라고 불상이 있어야 할 자리까지 명토 박아 놓았다. 이러한 출처와 내력에 따라 그 명칭은 '서산 부석사 금동관음보살좌상'으로 부르는 게 맞다.

1973년 일본 나가사키현 교육위원회가 금동관음상을 문화재로 지정할 때도 '고려국 서주 부석사'를 과거 내력으로 표기하고 있다. 그럼에도 일부에서 '대마도의 불상, 쓰시마의 관음상, 관음사의 불상' 등으로 표기한 것은 불상의 기원 내력을 지우기 위해 일부러 무시했거나 혼동을 주기 위함으로 해석할 수 있다. 이도저도 아니라면 그저 무지의 소치일 것이다.

문화재를 지정할 때 명칭을 어떻게 정하느냐의 문제는 그것이 맨 처음 발생한 장소와 조성 목적 등 당시의 문화적 배경, 역사성과 밀접한 관련이 있다. 그러나 안타깝게도 일본의 영향을 받은 친일 연구자들이 의도적으로 역사를 왜곡하는 명칭을 사용하는 경우가 수두룩하다.

2) 불상을 처음 만든 곳은 어디인가?

대마도 관음사 입구에는 부석사 금동관음상과 관련하여 두 개의 안내 표지판이 있다. 하나는 1973년에 세운 것이고, 또 하나는 돌로 된 표지석으로 2000년에 세웠다.

그러나 이 표지판에는 부석사의 위치를 '충남 서산'이 아닌 '경북 영주'로 표기하고 있다. 결연문에도 분명 '고려국 서주 부석사'로 적혀 있는데 어찌 된 일인가? 이와 관련해 부석사 주지 원우 스님은 "고려시대 서주瑞州는 잠시 사용한 지명이고 대부분 서산瑞山을 사용했다. 그래서 서주와 영주를 혼동한 것으로 보인다"고 했다. 또한 "부석사가 있는 도비산에는 야철지冶鐵址가 있다. 아마 불상이나 범종의 주조를 이곳에서 한 것으로 보인다"고도 했다.

서산에 야철지철을 생산하고 가공하던 제철 유적가 존재했다는 것은 중요한 단서다. 보원사지의 거대 철불鐵佛이나 가야산충남 서산시 운산면 용현리에 있는 산에 100여 개에 이르는 사찰이 있었다는 기록으로 보더라도 상당히 많은 불상이나 범종 등이 서산에서 제작되었다는 것을 유추할 수 있다. 실제로 서산 지역에는 '칠지도'를 제작한 곳으로 알려진 지곡면 도성리 쇠팽이 야철지와 부석면 송시리 야철지 등 15곳의 야철지가 발굴되었다.

3) 유네스코 협약 때문에 일본으로 돌려줘야 한다고?

일본 정부는 유네스코 협약을 근거로 '환부'할 것을 요청했다. 한국인 중에도 유네스코 협약을 근거로, 절도로 반입된 유물이니 돌려주는 게 도덕적으로 옳다고 말하는 이들이 더러 있다.

부석사 관음상이 유네스코 협약에 적용되는지 여부를 따져 보았다. 결론은 아니었다.

1970년 유네스코 협약문화재 불법 수출입 및 소유권 이전 금지 및 방지 협약에 한국은 1983년, 일본은 2002년 가입했다. 한국과 일본 모두 가입한 이 협약은 당연히 양국 간 문화재 문제에 효력이 있다. 그러나 문제는 유네스코 협약은 일종의 권고로, 협약이 집행력을 갖추려면 자국의 입법으로 집행력을 보완해야 한다. 2002년 유네스코 사무총장을 배출하면서 마지못해 협약에 가입한 일본은 최소한 요건만 갖춰 국내 입법을 마련했다. 부석사 관음상의 경우, 일본 정부가 중요문화재로 지정하지 않아 일본 법으로도 유네스코 협약의 적용 대상이 아닌 것으로 결론이 났다.

2012년 10월, 대마도 가이진신사海神神社에 보관되어 있던 신라 여래입상과, 역시 대마도 간노지觀音寺의 금동관음상이 문화재 절도단에 의해 국내로 밀반입된 사건이 있었다. 절도단은 국내에서 불상을 판매하려다 경찰에 검거되었고 압수된 신라 여래입상은 한국 국립문화재연구소에 보관되었다. 이후 불상의 반환과 관련해 논란이 있었으나 결국 2015년 7월 신라 여래입상은 도난당하기 전에 있던 가이진신사로 반환되었다.

일본의 문화재에 관한 법률에 따라 신라 여래입상은 '항상의 국내 문화재'라는 요건을 갖춰 2012년 11월 일본의 관보 제5937호에 게재되었다. 반면 금동관음상은 국가가 지정한 중요문화재가 아니라는 이유로 관보 게재 요건을 갖추지 못함에 따라 게재되지 않았다. 다시 말해 금동관음상은 국가의 중요문화재가 아니므로 유네스코 협약 대상이 아니라는 것이다. 결국 협약 제7조 (b)(ii)에 기초해 일본은 한국에 금동관음상의 회수 및 반환 조치를 요구할 수 없게 되었다.

유네스코 협약 7조 (a)에 따라 소장품 취득에 관한 국내 입법이 적용되지 않는 사립박물관 및 소규모 문화기관 등은 이 협약상의 취득 금지 의무를 지지 않아도 된다. 나아가 유네스코 협약 7조 (b)(ii)에 규정된 반환 대상은 '정당한 소유권valid title을 가진 자'여야 한다. 따라서 대마도 관음사가 정당한 소유권을 지녔는지 확정되지 않은 상태에서 협약에 따른 반환 요청을 적용하기 어렵다.

한국의 법률로도 일본에 돌려주는 것은 문제가 있다. 「문화재보호법」 제20조는 외국 정부가 정당하게 취득한 소유자라는 점이 인정될 때에만 '외국 문화재로서 보호'한다. 우리의 「문화재보호법」에도, 다른 국제 사례에도 외국이 소유권을 주장하는 문화재가 약탈 문화재인 경우에 어떻게 처리할 것인지에 대해서는 별도로 규정하고 있지 않다.

1심 재판부가 '왜구에 의한 약탈'을 인정한 만큼 일본 정부나 대마도 관음사가 이를 번복할 증거 자료를 내놓지 못하는 한 금동관음상은 도난품이기 전에 약탈품이므로 '환부'해야 한다는 근거가 없는 셈이다.

4) 대마도 관음사가 정당하게 취득했을 가능성은?

2013년 2월 대전지방법원은 "일본 관음사가 정당하게 취득했다는 점을 소송을 통해 확정하기 전에는 한국 정부는 일본에 돌려주지 말라"고 판결했다. 부석사도 일본 측이 정당하게 취득했다는 것을 입증하면 언제든지 돌려주는 데 반대하지 않는다고 했다. 그러나 아직까지 대마도 관음사의 취득 경위 소명은 없다. 막연하게 부처님이 알아서 바다를 건너왔다느니, 조선의 숭유억불 시기에 불상을 구해 왔다느니 하는, 뚜렷한 근거도 없는 황당한 주장만 거듭하고 있을 뿐이다.

반면 부석사 측은 여섯 가지의 이유를 들어 왜구에 의한 약탈을 소명했고 1심 재판부는 이를 받아들였다. 그 내용은 다음과 같다.

1. 1375년 9월로 특정되는 시기에 왜구가 서산을 침략해 노략질을 했던 6회 이상의 침탈 사례
2. 1526년 대마도 관음사의 창건 시기에 나오는 왜구 수장 고노 모리 치카의 행적
3. 대마도를 포함한 나가사키현, 사가현 일대의 한국에서 기원한 불상의 화흔火欣을 보고한 2004년 마이니치신문사의 〈불교예술〉 내용
4. 〈대마의 미술〉에 수록된 기쿠다케 준이치 규슈대 교수 등 일본 학계의 '왜구에 의한 일방적 청구請求'
5. 불상을 옮겼다는 이운 기록의 부재不在
6. 부석사의 지리적 특성과 역사 등을 보고한 향토사학자의 증언

나가사키현 교육위원회는 1973년 관음사를 금동관음상의 소유권자로 지정했으나 불상의 취득 사유 등은 불명不明으로 처리했다. 또한 1951년 불상의 호적과도 같은 복장물불상의 몸 안에 봉안하는 여러 가지 불교적 상징물이 밝혀지고 결연문에 과거 내력이 드러났음에도 나가사키현 교육위원회는 이에 대한 회의 내용이나 처분 결과, 자료 등을 한국 법원이 재판과정에서 요청했음에도 내놓지 않고 있다.

5) 왜구의 침략과 문화재 약탈, 그 규모와 시기는?

왜구가 대규모로 조직을 꾸려 한반도를 침략하기 시작한 때가 고려 말부터 조선 초에 이르는 1350년대부터 1400년까지였다. 그 50여 년간 무려 530여 회 이상의 침탈이 집중적으로 이루어졌다는 것이 한국과 일본 역사학계의 대체적인 인식이다. 왜구는 정복자가 아닌 무자비한 약탈자였다.

처음에는 조운선漕運船, 세금으로 거둬들인 곡물을 운반하던 배을 약탈하다가 점차 내륙 깊숙이 들어와 나중에는 개성까지 침범하여 수개월씩 주둔하면서 인근 지역을 쑥대밭으로 만들었다. 왜구는 곡식, 보물, 사람을 가리지 않고 닥치는 대로 약탈을 했다. 이때 약탈당한 문화재로 사가현 카가미신사의 고려 불화 「수월관음도」와 대마도 다쿠즈다마신사의 '청동반자쇠북'가 있다.

현재 대마도를 비롯해 서일본 지역에 있는 고려 불상과 유물은 130여 점으로 동일본 지역의 50여 점에 비해 그 수가 두 배 이상에 이른다.

마이니치신문사의 2004년 7월호 〈불교예술〉 「나가사키현·사가현에 들어온 금동불 현황 일람표」에 소개된 총 172점의 불상 중 한반도에서 제작된 불상은 119점으로 그중 54점이 화상을 입은 흔적火中痕이 있다고 발표했다. 반면 중국에서 유래한 불상은 넉 점만이 화상을 입은 흔적이 있다고 했다.

그럼 왜 한반도에서 제작된 불상만 집중적으로 화상을 입었을까? 그이유를 알려면 불상의 제작 시기를 보면 된다. 119점의 불상 중에 조선시대 불상은 8점에 지나지 않고 111점의 불상이 고려와 삼국시대에 제작된 것이었다. 공교롭게도 왜구가 고려를 집중적으로 약탈한 시기와 맞아떨어진다. 이를 밝혀 내기 위해서는 서일본 지역의 불상과 범종 중 한국에서 기원한 문화재에 대한 조사와 연구가 절실하다.

6) 재판은 어떻게 이루어지고 있나?

부석사 불상 인도청구소송은 소유권을 주장하는 부석사가 형사사건의 증거품인 불상의 처분권을 가진 한국 정부를 상대로 소송을 제기하면서 이루어졌다.

즉, 원고는 대한민국의 사찰인 부석사이고 피고는 대한민국 정부인 셈이다. 피고인 우리 정부를 대리하는 기관으로는 법무부와 검찰청이 직무를 수행하고 있다. 정작 장물의 환부를 주장하는 일본 측은 소송의 당사자가 아니다. 그럼에도 일부에서는 한국의 부석사와 일본의 관음사가 벌이는 소송으로 오해하고 있다. 한편에서는 관음사가 소송에 참여하지 않으면 재판이 이루어질 수 없다고 주장하는 이들도 있지만 정당한 소유권을 입증할 수 없는 일본 측이 재판에 참여할 가능성은 매우 낮다고 생각한다.

일본 측이 강하게 내세웠던 유네스코 협약에 따른 환부 주장도 다름 아닌 일본 법률의 미비(일본 정부가 금동관음상을 국가 중요문화재로 지정하지 않음)로 요건을 갖추지 못해 더 이상 주장할 수 없게 되었다. 이에 일본은 한국의 절도범에 의한 도난품이라는 사실을 강조해 외교적으로 해결하려는 것뿐이다.

일본 측은 한국의 재판에서 부석사가 승소할 경우 국제사법재판소에 제소하는 방안도 검토하겠다고 으름장을 놓고 있다. 하지만 그렇게 될 경우 불똥이 어디로 튈지 그들이 모르지 않을 것이다. 어쩌면 국제사법재판소에서 일본은 자국 내에 있는 수많은 한국 문화재들을 정당하게 취득한 것이었는지 하나하나 경로를 따져야 하는 엄청나게 큰 싸움을 한국 측과 힘겹게 벌여야 할지도 모른다.

일본 정부의 반환 요청에 한국 정부는 사법부의 판단에 따르겠다는 입장을 수차례 표명한 바 있다. 결국 불상은 법원의 판결에 따라 행방이 결정될 것이다. 이 재판은 일종의 약탈당한 것을 되훔쳐 온 사례로 유네스코 등 국제사회가 주목하고 있다. 유네스코 협약은 1970년 이후의 불법적 수단 예방과 반환만을 다루고 있기에 과거 식민지였다가 독립한 국가들이 수백, 수십 년 전 약탈당한 문화재를 원상회복하는 데는 실효성이 없다는 비판을 받아 왔다. 불상의 원상회복 판결은 이처럼 유네스코 협약 이전에 발생한, 식민지로부터 독립한 국가들의 문화재 반환에서 중요한 선례가 될 것이다.

7) 한국은 절도 행위를 정당화하고 있다?

일본의 혐한세력은 한국이 절도범을 비호하고 있다고 비난한다. 혐한 시위 구호 중에는 '강도국가 한국'이라는 글귀도 보인다.

2012년 10월에 발생한 한국 절도단의 범죄 행위에 대해 한국 정부나 부석사, 불교계에서는 단 한 번도 '애국심에 의한 행위'라고 감싸준 적 없다. 오히려 절도범들은 문화재 절도로 인해 특수절도죄로 중형을 선고받았다. 이탈리아의 모나리자 절도범처럼 '애국심'을 이유로 죄를 감면하지도 않았다. 과거에 약탈당한 것이었으니 훔쳐도 좋다는 따위의 주장을 결코 하지 않았음에도 그들은 끊임없이 허위사실을 퍼뜨리고 있다. 절도죄는 형사사건으로 처리되어 이미 중형으로 처벌을 마쳤다. 현재 사건의 본질은 불상의 소유권을 둘러싸고 벌어지는 민사소송이다.

'서산 부석사 금동관세음보살좌상'은 고려국 서주 부석사에서 불자 32명이 지극한 불심으로 조성한 불상임이 명백하게 입증되었다. 이런 사실을 외면하고 서산 시민이나 한국 불교계에 도난품이니 권리를 포기하라고 주장하는 것은 불상을 역사적 유산이 아닌 그저 장물臟物로 취급하는 것이다.

문화재는 공시적共時的이고 통시적通時的인 양면의 의미를 지닌 존재이다. 물건이기 이전에 같은 시대를 살아가는 사람들의 공감 대상이고, 시대를 아우르고 관통하는 역사성을 지닌 존재인 것이다. 중국 푸첸성의 주민들이 헝가리에 전시되던 '등신불'이 절도된 지역의 대표적인 유산이라며 소장자를 상대로 반환 소송을 제기한 적 있다. 이에 소장자는 자신은 정당한 절차를 통해 구입했지만 푸첸성 주민들의 입장을 생각해 돌려주겠다는 의사를 밝혔다.

이 같은 사례에서도 알 수 있듯이 부석사 금동관음상은 부석사와 서산 시민들에게 공동의 기억이자 조상의 유산으로 마땅히 지켜야 할 대상인 것이다.

8) 소탐대실한다?

부석사 금동관음상의 환수운동과 관련하여 '소탐대실小貪大失'이라는 주장이 한동안 강조되었다. 일본에 소재하는 한국 기원 문화재가 7만 6천여 점인데 부석사와 한국 재판의 영향으로 7만 점이 반환되지 않을 듯이 주장한다. 심지어 어떤 이는 마치 상당수의 유물 반환 협의가 이미 되어 있는데 부석사 때문에 더 이상 진전이 안 되고 있다고 푸념한다. 이것이 사실일까?

그런 주장이 성립되지 않는 이유는 다음과 같다.

첫째, 2015년 7월, 우리 정부는 유네스코 협약을 존중해 '신라 여래입상'을 일본에 돌려주었다. 신라 여래입상은 일본 정부가 '중요문화재'로 지정할 만큼 양국 모두에 가치를 인정받는 유물이다. 그러나 이후 일본 측은 어떠한 성의도 우리에게 보여 주지 않고 있다. 부석사 관음상의 재판 과정에서 한국 법원이 요구한 '유물의 취득 경위에 대한 소명자료'와 '소유권 지정 사유' 등에 대해 아무런 답변을 내놓지 않고 있다. 아니, 못하고 있다고 보는 게 맞을 것이다.

1965년 한일 문화재 반환 협상에서 합의한 "양국 국민 간의 문화 관계를 증진시키기 위하여 가능한 한 협력하겠다_{제1조}"는 것조차 지키지 않고 있다. '소탐대실'을 주장하는 이들은 이러한 일본에 태도에 대해 어떻게 생각하고 있을지 매우 궁금하다.

둘째, 누가 작은 것을 탐하고 누가 큰 것을 잃는다는 것인가? 어떤 주장을 하려면 말의 대상과 의미를 분명히 해야 한다. 설마 금동관음상을 부석사에 봉안하자는 충남과 서산의 지역민들과 이를 응원하는 국민들이 사리분별도 못 하고 작은 것(?)에 욕심을 부리고 있다는 말인가? 그 결과 국익을 해치고 있다는 뜻인가? 문화재 하나하나의 가치와 의미를 소중히 여기고 이를 지키고자 하는 사람들의 노력이 국익을 해치는 것이라는 폄훼가 경악스러울 따름이다.

오히려 21세기 들어와 국제사회에 번지고 있는 문화재 반환 흐름과 소장자의 세대 교체 움직임, 문화재를 개인의 사유물에서 공유의 개념으로 보는 시각, 재물로서의 가치보다는 인류 문명의 자산으로 문화재를 바라보려는 인식의 변화에 주목해야 한다. 그렇기에 이러한 시대의 흐름을 잘 이해하는 안목을 갖추는 것이 중요하다.

셋째, 대마도에서 금동관음상이 반입된 이후인 2013년부터 일본에서 환수한 문화재는 17건 119점이다. 환수 경로는 기증 8건, 구입 7건, 협상 1건(덕혜옹주 유품)이다. 이전 시기와 비교해 환수 경로와 대상이 다양해지고 사례 또한 늘어나고 있음을 보여 주고 있다. 부석사 불상 재판 때문에 일본에 있는 한국 문화재가 돌아오지 못할 것이라는 주장과 달리, 우리 문화재를 되찾고자 하는 노력은 계속되고 있으며, 그 결과 꾸준히 원래 자리로 돌아오고 있다.

결국 일부에서 '큰 것을 잃는다'는 주장은 일본의 입장을 옹호하려는 반역사적, 반문화적 자기 행위에 대한 변명에 지나지 않는다.

9) 한일 관계 악화의 원인이다?

대마도에서 불상이 반입된 이후 여러 변화가 있었다. 2013년 당시 대마도를 방문하던 한국인은 약 10만 명, 2019년은 41만 명으로 급증했다. 대마도에 진출하는 한국인과 기업도 대폭 늘어나 한국인의 토지 구입을 제한해야 한다는 말까지 나올 정도에 이르렀다. 대마도는 한국 관광객이 먹여 살린다고 해도 지나친 말이 아니게 되었다.

실제로 불상 사건이 알려진 이후 대마도시는 대마도 소재 한국 역사유적을 위해 박물관 건립을 추진하고, 2017년에는 조선통신사 기록을 유네스코에 등재하는 등 불상 사건이 한일 갈등을 조장할 것이라는 우려와 달리 서로 간의 역사적 이해가 깊어지고 있었다.

정작 한일 관계가 악화되고 대마도에 한국 관광객이 발길을 끊게 된 이유는 다른 데 있었으니 2019년 하반기, 아베 정부가 한국에 대해 일방적으로 수출 규제를 하면서였다.

2019년 일본 정부는 강제징용 피해자 재판과 관련하여 1965년 협정으로 '최종적, 불가역적'으로 마무리되었다고 주장했다.

일본 정부는 샌프란시스코 조약을 근거로 "한국은 전승국이 아니고 강제 병합도 합의한 것이므로 식민지배의 불법성을 인정할 수 없다"고 주장했지만 1993년 '일본군 위안부' 사과 담화인 고노 담화, 1995년 식민지배에 대해 공식 사죄한 무라야마 담화, 2010년 강제 병합 100주년에 한 간나오토의 성명 등은 1965년 한일 간에 맺은 협정의 불완전성을 인정하고 일본 스스로 보완, 발전시켜 온 결과라 볼 수 있다. 그러나 아베 정권은 한국인과 한국 정부의 피해 배상과 사죄 요구에 수출 규제라는 카드로 엉뚱한 맞대응을 하면서 양국 간 갈등을 일으키고 불화를 부추기고 말았다.

2017년 1월, 1심 재판부는 '왜구에 의한 약탈'을 인정함으로써 부석사에서의 불상 반출이 비정상적으로 이루어졌음을 판결했다. 이는 역사적 진실을 밝히는 데 중요한 발판이 되었다. 대마도와 서일본 전역에 있는 불상과 범종의 반출 경위에 대해 좀 더 세밀한 조사와 연구를 진행할 수 있게 되었고, 그 결과에 따라 앞으로의 문화재 환수와 보전 방안을 찾는 계기가 마련되었다.

문화재 반환에서 일본은 1965년 협정을 근거로 최종적으로 마무리되었으니 더 이상의 청구권은 소멸되었다고 주장하지만, 국제적 신뢰를 어긴 것은 일본 정부이다. 2014년 일본 도쿄재판부에서 열린 1965년 한일협정 문서 공개재판에서 밝혀진 것과 같이 일본 정부는 1965년 협정 당시 한국 정부에서 요구한 반환 문화재의 목록을 은폐하고 한국 정부의 요청을 거부했다는 사실이 확인되었다. 그 결과 당시 한국 정부가 요구한 4,400여 점의 문화재 중 3분의 1 수준만 반환되었고, 돌아온 문화재 중 역사적·문화적·예술적 가치가 높은 문화재는 소수에 지나지 않았다.

그럼에도 일본 정부는 한국 기원 문화재의 과거 내력 조사 책임을 회피하고 부석사 불상 사건을 악용하면서 자신들을 약탈국가에서 피해국가로 이미지를 세탁하고 있는 중이다.

10) '공동의 유산'으로 하자는 주장에 대해?

1심 판결에서 재판부는 부석사의 불상 소유권을 인정하고 최종 판결이 있기 전이라도 불상을 부석사로 옮기라는 불상 인도 가집행 처분을 함께 내렸다.

> 그러나 판결이 난 당일 피고 측(법무부)은 곧바로 항소하고, 최종 판결이 나기 전 불상을 원고(서산 부석사) 측에 넘기지 말라고 강제 집행정지 가처분을 신청했으며, 대전지법은 이를 신속히 수용했다. 같은 법원에서 상반되는 두 판결이 내려졌고 재판은 원점으로 돌아갔다.
>
> 김경임, '부석사 관음상 문제에 대한 몇 가지 제언' 중에서

그러자 〈아사히신문〉의 한 기고자가 '불상을 한일 양국의 공동 유산'
으로 하자고 주장하고 나섰다. 소유권은 부석사에, 점유권은 대마도 관음
사로 분리하자는 주장도 있었다. 재판장은 진품은 일본에, 복제품은 부석
사에 두자는 황당한 주장을 하기도 했다. 이를 위해 '한·일 불교계를 통한
화합적 해결'을 요청하기도 했다.

문화재 환수는 유물의 특성, 과거 이력, 취득 경위, 소장자와의 관계, 외
교적 관계, 국제사회의 입장 등에 따라 해결 방법이 모두 다를 수밖에 없
다. 이 중에 부석사 관음상은 '재판'이라는 길을 걷고 있다. 재판을 통해
역사성이 회복되면 오랜 기간 점유했던 대마도 관음사 측과 어떻게 공
유할 수 있을지는 또 다른 문제이다. 그러나 어떠한 경우에도 '과거를 덮
어둔 채 미래'만 말할 수는 없다. 문화유산을 통해 얻고자 하는 것은 국가
간, 개인 간의 '원만한 관계'가 아니라 문화재가 발생하고 존재했던 지역
과 사람들의 '역사와 정체성'의 뿌리이다.

유럽이나 미주는 지역 간 협력을 더욱 강화하고 '공동 유산'의 가치
를 추구하고 있다. 한 예로 유럽평의회Council of Europe의 틀 안에서는 '문
화재 관련 범죄에 관한 유럽협약European Convention on Offences Relating to
Cultural Property'1985, '유럽의 건축 유산의 보호에 관한 협약Convention for the
Protection of the Architectural Heritage of Europe'1985 등 많은 지역 조약들이 체결
되었다.

미주 국가들도 '고고학적, 역사적 그리고 예술적 유산의 보호를 위한
협약Convention for the Protection of the Archaeological, Historical and Artistic Heritage for the American
Nations'1976을 체결했다.

부석사 관음상 친견

반면 중국, 한국, 일본은 수천 년에 걸처 수많은 영향을 주고받았음에도 국가 간의 협력은 멀기만 하다. 부석사 관음상이 그 시작을 열 수 있다면 좋은 선례가 될 것이다. 대마도에 있는 한국의 역사 유적과 문화유산을 조사 연구하고 보전하는 방안을 수립하는 일부터 차근차근 실천해 나간다면 협력관계로 발전할 수 있을 것이다.

■ 명칭 : 금은상감동관
■ 재질 : 청동
■ 제작 시기 : 1~2세기
■ 출토지 : 평양 낙랑고분
■ 크기 : 길이 25.4센티미터,
　　　　 지름 3.9센티미터
■ 현 소재지 : 국립도쿄예술대학 미술관

평양의 낙랑고분에서 출토된 것으로 전하는
이 유물은 청동으로 주조된 뒤, 금과 은을 이
용해 선상감과 면상감기법을 활용하여 수렵
문을 표현했다. 외형은 대나무마디 모양으로
전체가 4단으로 구성되어 있는데, 각 마디 면
에 금·은 상감으로 다양한 동물을 산악문과
운기문 사이에 배치해 낙랑고분 출토품 중에
서 가장 화려한 작품으로 알려져 있다.

출처 　큰 칼에 아로새긴 최고의 기술

유량중주박물관

※ 상감기법(象嵌技法) : 금속이나 도자기, 목재
따위의 표면에 여러 가지 무늬를 새겨서 그 속에
같은 모양의 금, 은, 보석, 뼈, 자개 따위를 박아 넣
는 공예 기법

금은상감동관

08

하나의 유물, 두 나라로 소개된
금은상감동관

기술 활용이 다양하고 아름다운
우리의 상감기법

스페인의 오래된 도시 톨레도Toledo는 무기를 생산했던 곳으로 유명하다. 인구 8만여 명이 사는 톨레도에는 전 세계에서 찾아오는 관광객으로 늘 거리가 붐빈다. '돈키호테의 풍차'로도 이야기가 풍성한 톨레도의 거리에는 기념품을 직접 만드는 공방이 즐비하다. 기념품 공방에서는 금이나 은으로 '상감의 장인'들이 열심히 작업을 하는 모습을 볼 수 있는데 관광객에게 '상감 입힌 기념품'은 필수 구입품이기도 하다. 그중에 '톨레도의 칼날The Toledo Blade'은 세계적인 명성을 얻고 있다. 그 종류가 다양하고 디자인도 아름다워 며칠 머무는 동안 지루함을 느끼지 못할 정도였다.

그럼 우리의 상감기술은 어떠했을까? 궁금했다. 흔히 '고려 상감청자'를 떠올리며 도자기 같은 그릇에만 상감기술을 입혔을 것으로 생각하지만 그보다 기술의 활용이 훨씬 다양하고 아름답다.

한반도에서 상감기법이 등장하는 것은 낙랑樂浪 시대로 알려져 있다.

기원 전후 1세기경이니 2천여 년 전이다. 유물로는 평양에서 출토된 '금은상감동관', '허리띠 장식' 등이 있다.

　우리나라 상감기술의 확립 시기는 대체로 백제의 한성·웅진기라고 평가한다. 상감 자료는 5~6세기에 걸쳐 약 100년 정도의 한정적인 시기 동안 경기 오산, 충남 천안·공주·서산, 전북 완주·고창, 전남 나주 등 백제권 전역에서 출토되는 경향을 보이고 있다. 현재까지 확인된 백제 유적 출토 상감 유물 중 대표적인 것으로 이소노카미신궁石上神宮에 소장 된 '칠지도七支刀'를 꼽을 수 있다.

　'칠지도'는 제작 시기와 칼에 새긴 글의 내용으로 유명해졌다. 그동안 일본은 칠지도의 일부 내용을 조작하여 신하인 백제가 일본의 왕후에게 선물로 바쳤다고 주장해 왔다. 하지만 최근 X-레이 투시검사 등을 통해 지워진 글의 내용이 확인되었다. 건국대 홍성화 교수의 발표문「고대 한반도계 대도 명문에 대한 재조명」(〈동양예술〉 제21호, 한국동양예술학회, 2013년 4월 30일)에 그 내용이 잘 나와 있다.

　발표문에 따르면, 칠지도의 제작은 백제 전지왕 4년인 408년이고 목적은 왕세자인 구이신제19대 구이신왕이 탄생한 것을 기념하여 백제가 왜에 하사했던 칼이 확실하다는 것이다.

　'칠지도'의 길이는 74.8센티미터이고 좌우 양쪽에 나뭇가지 모양의 가지가 각각 세 개씩 뻗어 있다. 그중 몸통 양면에 금상감기법으로 황금문자 62자를 새겼다. 1600여 년의 세월이 흐른 지금까지 대부분의 글이 명료하게 남아 있는 것으로 보아 당시 백제의 금속공예 기술이 얼마나 훌륭했는지 가늠해 볼 수 있다.

　이외에도 대표적인 고대 상감 유물로는 공주, 천안, 오산 등 백제 권역은 물론 대가야의 합천 옥전 35호분, 일본의 구마모토현 에다후나 양마고분 출토품, 효고현 미야야마고분 출토품, 야마가타현 다이노코시고분 출토품 등이 있다.

오구라 컬렉션에도 공주 송산리 6호분 출토 원두대도 등 30건, 51점이 있으며 철기, 삼국, 고려시대에 걸친 상감 유물이 모두 망라되어 있다.

이런 점으로 미루어 보아 백제의 상감기술은 당대 최고 수준에 도달하여 주변국인 대가야, 신라, 왜 등에 전파되고 확산되었음을 알 수 있다.

그러나 일제강점기를 거치면서 일본이나 미국, 유럽 등지로 유물의 상당수가 반출되었고, 그 결과 우리나라 상감기술의 오랜 역사와 우수성을 알리고 문화산업으로 발전하는 데 크나큰 장애가 되었다.

현재 도쿄국립박물관에 있는
금은상감도관

같은 유물이 어떻게 제작한 나라와 연도가 다를 수 있을까?

한반도에서 발견된 최고 오래된 금상감기법의 유물은 '금은상감동관' 또는 '상감수렵문동관'으로 소개되고 있다. 평양의 낙랑고분에서 출토된 것으로 전해지고 있으며, 제작 시기는 1~2세기, 길이는 25.4센티미터로 섬세하고 화려한 문양들이 새겨져 있다. 당시 신분이 높은 귀족이 사냥을 할 때 사용한 것으로 여겨진다.

이처럼 중요한 유물이 어떤 이유로 일본에 갔는지 아직 밝혀진 것은 없지만, 현재는 국립도쿄예술대학 미술관에 있다. 참고로 국립도쿄예술대학 미술관에는 399건, 447점의 한국 문화재가 보관되어 있다.

'금은상감동관' 또는 '상감수렵문동관'으로 이름을 소개한 것은 우리 나라이다. 일본이 1941년 7월 3일 중요문화재로 지정할 당시의 유물 이 름은 '금착수렵문동통'으로, 여기서 말하는 '금착金錯'은 청동으로 만든 후 표면에 금사金絲나 금편金片을 박아 넣는 입사入絲 공예 기법이다.

왜 '금상감기법'이 아니라 금착이라고 소개해 놓았을까? 현재 일본 정 부가 국보나 중요문화재로 지정한 한국 기원 상감 문화재 명칭에는 '상감 기법'에 대한 소개가 없다. 의도적으로 백제나 고려의 상감기법을 소개하 지 않으려는 것은 아닌지 의심해 볼 만하다.

그러나 더 큰 문제는 일본 문화청이 한반도에서 출토된 가장 오래된 '금은상감동관' 또는 '상감수렵문동관'을 중국과 고려에서 제작한 것으 로 홈페이지에 소개하고 있다는 점이다. 홈페이지의 내용을 보면 하나는 제작 시기를 고려로, 1941년 중요문화재로 지정했다고 소개하고, 다른 곳 에는 중국 후한시대인 1~2세기로 소개하면서 '조선 낙랑고분 출토'라는 내용을 덧붙여 놓았다. 이러다 보니 똑같은 하나의 유물이 두 나라의 것 으로, 제작 시기도 1천여 년의 차이가 나는 것으로 표기되어 있다.

금착수렵문동통
(고려 / 중요문화재 지정 1941년 7월 8일)

금착수렵문동통
(후한시대 / 1~2세기 / 크기 25.4 / 조선 낙랑고분 출토)

'금은상감동관' 또는 '상감수렵문동관'의 표기 오류에 대해 2015년 한국의 한 언론사에서 문제를 제기했다. 이에 일본 문화청 장관은 "예전부터 그런 것이지 최근에 낸 것이 아니다"며 "지금까지 줄곧 아무것도 바뀐 것이 없으므로 특별히 어떤 대응도 없을 것으로 생각한다"고 답변했다는 것이다.

우리나라의 소중한 문화유산이 이렇게 제대로 된 소개는커녕 푸대접을 받고 있고, 문제가 제기된 후에도 이를 바로잡을 생각이 없는 일본의 태도는 과연 그들이 우리의 문화유산을 소장할 자격이 있는지 강한 의구심을 갖게 한다.

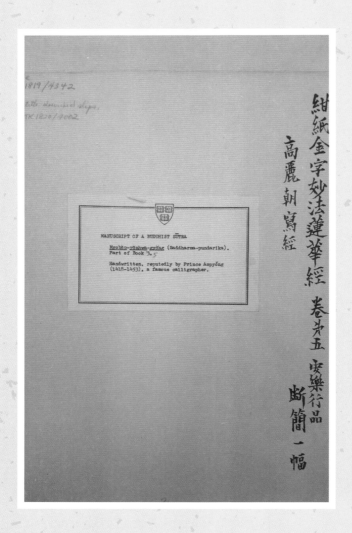

紺紙金字妙法蓮華經　卷第五　安樂行品

高麗朝寫經

斷簡一幅

MANUSCRIPT OF A BUDDHIST SUTRA

Myobop-yonhwa-gyong (Saddharma-pundarika).
Part of Book 3.5

Handwritten, reputedly by Prince Anpyong
(1418-1453), a famous calligrapher.

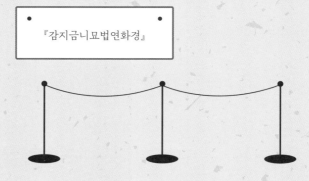

『감지금니묘법연화경』

09

탄신 600주년에 하버드대학교에서
만난 안평대군 글씨

삼절로 불린
안평대군을 만나다

표지를 보는 순간 코끝이 알싸했다. 지구 반대편에서 그분의 흔적을 마주하다니 뜻밖이었다. 그것도 탄생 600년인 해2018년에 말이다. 하버드대학교에 소장되어 있는 안평의 진적眞迹을 보자 나도 모르게 그만 탄성을 내질렀다. 안평대군이 쓴 『감지금니묘법연화경』의 표지에서부터 그의 안타까운 일생이 기록되어 있었다.

안평대군! 우리나라 최고의 성군인 세종의 셋째아들로 태어난 그는 뛰어난 문예와 풍류로 당대 명성이 자자했다. 그의 무계정사武溪精舍, 안평대군이 사용하던 정자 또는 별장에는 사람들의 발길이 끊이지 않았고, 시와 서예, 그림에 출중하여 삼절三絶로 불린 그는 장차 부친이 이룩한 조선 문명의 전성기를 주도할 인물로 손꼽혔다. 그가 꾼 꿈을 안견이 그림으로 남긴 「몽유도원도」는 지금도 조선 최고의 회화 작품으로 꼽히고, 그의 뛰어난 송설체松雪體, 중국 원나라의 서예가인 조맹부의 글씨체는 조선을 넘어 중국에까지 명성을 날렸다.

이처럼 당대 최고라 불린 조맹부를 넘어선 그의 작품 속의 예술세계는 세상 풍문으로만 전해 오고 남아 있는 것이 거의 없다.

조선 개국의 잔혹사인 왕자의 난은 태종 이방원의 손주 대에 이르러 재현되었다. 왕권을 탈취한 수양세조이 눈엣가시였던 안평을 가만둘 리 없었다. 결국 형에 의해 역모 죄를 뒤집어쓴 그는 강화에서 불꽃같은 생을 마감하게 된다. 그때 안평의 나이 서른여섯이었다. 그의 아들도 사약을 받았고 딸과 며느리는 정적인 권람의 노비로 끌려가니 권력의 비정함을 뼈저리게 느끼게 한다.

동생의 탁월한 문예를 질투했던 수양은 안평의 작품을 쓸어 모아 전부 불태워 버렸다. 때문에 그의 글씨는 아주 일부만 후세에 전해지고 있다. 부왕의 묘비, 외조부의 묘비, 동생의 묘비에 쓰인 글씨가 국내에 현존하는 안평대군 유작의 전부라 할 수 있다. 당대 최고의 지위에 있던 이들의 묘비명을 도맡아 썼던 사실만 보더라도 그의 탁월함과 비범함을 엿볼 수 있다. 그러나 정작 본인을 위한 작품은 거의 남기지 못했으니 그의 재능을 아끼는 사람들로서는 안타까울 따름이다.

안평대군의 예술세계를 흠모하는 후세인들이 그의 자취를 좇은 지도 오래다. 대표적인 인물은 튀니지 대사를 역임한 김경임 선생이다. 그는 저서 『사라진 몽유도원도를 찾아서』를 통해, 짧았지만 위대한 안평의 자취를 찾는 여정을 소개하고 있다. 「몽유도원도」가 최상의 평가를 받는 이유는 안평의 꿈을 펼쳐 놓았기 때문이라 한다. 다시 말해 이야기 구성이 멋지고 훌륭하다. 이 신비로운 작품에는 안평의 못다 이룬 꿈이 고스란히 담겨 있다. 작품을 찬찬히 살펴보면, 왼쪽에 그려진 현실세계와 오른쪽에 그려진 도원세계가 절묘하게 이어지며 대조와 조화를 이루고 있다. 그래서 더 가슴 아프다. 안타깝게도 「몽유도원도」는 지금 일본에 있다. 이를 되찾아 오자는 목소리와 노력들이 더해졌지만 본격적 환수를 위해 나아가야 할 길을 아직 멀기만 하다.

사라진 『묘법연화경 사경문』은 어떻게 하버드대학으로 갔을까?

1446년, 세종은 예조에 명해 세상을 떠난 소헌왕후를 위하여 경기도 고양의 대자암에서 천도제를 열게 했다. 그리고 집현전에 명을 내려 금니사경 金泥寫經, 금가루 글씨로 쓴 사경문을 봉안토록 하고 아들인 수양과 안평에게 사경 작업에 참여토록 했다. 사경이란 공덕을 쌓기 위해 경전을 베껴 쓰는 불교 의식이다. 글씨 하나 쓸 때마다 절을 하는데 그만큼 정성을 다하는 것이다. 그렇게 완성된 『묘법연화경 사경문』이 대자암에 봉헌되었다.

> "그런데 불행히도 대자암은 임진왜란 때 왜장 시마즈 요시히로에 의해 장기간 점령당하게 된다. 이때 안평대군의 유작들이 약탈당해 일본으로 반출되었고, 그 후 일본 GHQ 미군정에서 문화재 담당이었던 헨더슨에 의해 하버드까지 간 것으로 추정된다."
>
> 김경임, 『사라진 몽유도원도를 찾아서』 중에서

다음은 『묘법연화경 사경문』의 제작과 관련해 세종 28년1446 5월 27일에 기록된 「세종실록」의 일부다.

승도들을 모아 경을 대자암에 이전하다.

승도僧徒들을 크게 모아 경經을 대자암大慈菴에 이전하였다. 처음에 집현전 수찬集賢殿修撰 이영서李永瑞와 돈녕부 주부敦寧府注簿 강희안姜希顔 등을 명하여 성녕대군誠寧大君의 집에서 금金을 녹이어 경經을 쓰고, 수양首陽·안평安平 두 대군大君이 내왕하며 감독하여 수십 일이 넘어서 완성되었는데, 이때에 이르러 크게 법석法席을 베풀어 대군大君·제군諸君이 모두 참예하고, 이 회會에 모인 중이 무릇 2천여 명인데 7일 만에 파罷하였으니, 비용이 적지 않았다. 소윤少尹 정효강鄭孝康이 역시 이 회에 참예하였는데, 효강이 성질이 기울어지고 교사巧邪하여 밖으로는 맑고 깨끗한 체하면서 안으로는 탐욕을 품어, 무릇 불사佛事에 대한 것을 진심盡心껏 하여 위에 예쁘게 뵈기를 구하고, 항상 간승奸僧 신미信眉를 칭찬하여 말하기를, "우리 화상和尙은 비록 묘당廟堂에 처하더라도 무슨 부족한 점이 있는가." 하였다.

아마 이때 금을 녹여 불경을 쓴 뒤 세종의 원찰願刹인 대자암에 봉헌한 것으로 보인다.

도쿄박물관 오구라 컬렉션 목록(920)에도 안평대군의 작품 '행서칠언율시축(1폭, 34.1×56.5 지본 묵서, 이용:안평대군)'이 있다. 박물관 측에 열람을 요청했지만 열람을 제한한다는 안내만 받았다. 결국 탄신 600주년에 그의 작품을 만나는 일은 이루지 못했다.

감지에 금가루로 쓴 안평대군의 글씨

프랑스로 간 『원각경』「변상도」

10

세종의 아들 사랑과
프랑스로 간 『원각경』「변상도」

유별났던 세종의
광평대군 사랑

세종대왕과 소헌왕후가 금슬이 좋아서였는지 그들은 슬하에 8남 2녀를 두었다. 첫째가 정소공주이고 둘째가 왕위를 계승한 문종, 셋째 정의공주, 넷째 수양, 다섯째 안평, 여섯째 임영, 일곱째 광평, 여덟째 금성, 아홉째 평원, 열째 영웅이다. 영빈, 신빈, 혜빈, 숙원, 상침 송씨와의 사이에도 자녀를 두어 모두 18남 4녀였다. 조선의 27대 임금 중에서 자녀를 20명 이상 둔 임금은 정종(23명), 태종(29명), 성종(28명), 중종(20명), 선조(25명)로 요즘 같은 저출생 시대의 눈으로 보면 놀라운 일이다. 그러나 요절하거나 권력 쟁투 과정에서 스러져 간 왕의 자식들도 여럿이다.

세종은 22명의 자녀 가운데 유달리 광평대군을 사랑했다고 한다. 「세종실록」에는 "왕비가 광평대군 이여의 집으로 이어하였다(세종 23년, 1441년, 윤 11월 16일). 임금이 광평대군 이여의 집에 거동하였다가 돌아왔다(11월 22일, 23일, 25일, 27일, 28일, 12월 1일). 왕비가 경복궁으로 환어하였다(12월 2일)"

는 기록이 실려 있다.

위 내용을 보면 왕후는 대군의 사가에서 보름여를 지냈고, 그사이 임금은 그곳을 여섯 차례 방문했다. 이외에도 임금이 자녀의 사가를 방문한 사례는 같은 해에도 여러 번 있었다. 9월 6일엔 부마 연창군 안맹담의 집을, 9월 29과 10월 2일, 10일, 13일엔 금성대군 이유의 집에 다녀왔다는 기록이 있다.

하지만 광평대군의 사가에 임금과 왕후가 보름이나 머물렀다는 기록으로 미루어 광평이 좀 더 특별한 존재였을 것이라 짐작할 수 있다. 대군에 관한 기록에도 "성품과 도량이 너그럽고 넓으며, 용모와 자태가 탐스럽고 아름다우며, 총명하고 효제孝悌하여 비록 노복이나 사환이라도 일찍이 꾸짖지 아니하매, 사람들이 모두 사랑하였다"라고 했다.

그런 광평대군이 스무 살의 나이에 요절을 하고 만다. 신자수의 딸과 혼인하여 아들 영순공 하나를 두고 세상을 뜬 것이다. 세종과 소헌왕후의 슬픔은 한없이 컸다.

처음 여의 병이 위독할 때 임금이 밤을 새워 자지 않았고, 끝내 죽으매 종일토록 수라를 들지 아니하니, 도승지 이승손 등이 아뢰기를, "성상께서 오랜 병환이 있으신데 애통하심이 예절에 지나치십니다. 청하옵건대, 수라를 드시옵소서." 하니, 임금이 말하기를, "내 마땅히 그리 하겠노라." 하였으나, 날이 저물어서야 죽만 조금 마실 뿐이었다.

「세종실록」 26년(1444) 12월 7일

세종은 불경을 조성하여 광평대군의 명복을 빌었다. 당대 최고의 문장가인 김수온은 발원문에 "대군 영가께서 티끌로 가득한 험한 세상을 영원히 벗어나시어 기쁨이 넘쳐나는 극락으로 가시고, 아주 오래도록 나라와 백성이 영원히 번성하는 이것이야말로 대부인大夫人께서 진실로 바라시는 바다. 정통 병인(1446년, 세종 28) 12월 어느 날 부사직 김수온은 삼가 발문을 쓰다"라고 기록했다.

김수온의 발문에 등장하는 '대부인大夫人'은 개성부부인 왕씨開城府夫人 王氏, 1377~1449로 태조의 일곱째 아들인 무안대군의 부인이자 광평의 양어머니이다. 광평대군이 후손이 없는 무안대군의 양자로 들어갔으나 젊은 나이에 요절을 하고 마니, 양어머니 왕부인과 부인 신씨는 불교에 귀의해 출가한 후 여생을 광평대군의 명복을 빌었다 한다.

부인 신씨가 출가 이후에 제작된 목판으로 펴낸『묘법연화경』이 일본의 사찰 세이라이지에 소장되어 있다는 사실을 동국대 정우택 교수가 발표한 바 있다.

프랑스로 간
『원각경』「변상도」

『원각경』의 형태는 세로 40.6센티미터, 가로 13.7센티미터의 절본折本, 책을 만드는 방법의 하나로 긴 것을 병풍처럼 접어서 간단하게 만든 것으로 불전에 많이 쓰임으로, 경문은 1면에 상하 경계선을 금니로 긋고, 6행 17자를 해서체楷書體 금자로 썼다. 책의 첫머리엔 노사나불빛과 지혜로 가득해 빛나는 부처의 진신眞身을 이르는 말을 중심으로 12보살과 범천, 제석, 사천왕상 등을 좌우에 그려 넣었고 경전의 내용을 형상화한 '변상도'가 금니로 그려

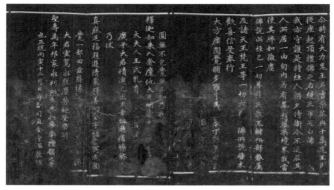

『원각경』 경문

져 있다. 노사나불의 얼굴 표정은 다소 형식적이지만 옷의 주름과 후
광의 문양, 불상을 모시는 수미단의 표현은 가는 선을 이용해 섬세하
게 그렸다. 전체적으로 고려 말기의 형식을 따라 섬세하다.

문화재청 홈페이지

프랑스 인류학자 샤를 바라Charles Varat는 1888년에서 1889년 사이에
조선을 여행하면서 많은 유물을 수집했다. 경북 상주 동방사에서 제작한
'천수천안관음보살좌상'도 샤를 바라가 수집한 것이다.

『원각경』은 현재 프랑스 파리 국립기메아시아박물관Musée national des
Arts asiatiques-Guimet에 소장되어 있다.

『원각경』은 원래
어디에 있었을까?

광평대군이 요절하자 양어머니와 부인은 출가해 비구니가 되었다. 이

들은 광평대군의 묘 옆에 '견성암'이란 사찰을 세우고 대군의 명복을 빌며 각종 불교 경전을 간행했다. 후에 광평의 아들인 영순공마저 요절하자 그 며느리도 비구니가 되었다 한다. 견성암의 규모는 사헌부 대사헌 한치형이 올린 상소에서 짐작할 수 있다.

"지난번에 광평대군廣平大君 이여李璵가 죽자, 그 부인夫人 신씨申氏가 머리를 깎았고, 그 아들 영순군永順君 이부李溥가 죽자 그 부인 역시 그와 같이 하였으므로, 신 등이 일찍이 이를 그윽이 괴이하게 여겼습니다. 근래에 광평대군의 부인이 그 양모養母 왕씨王氏와 광평대군 부자父子를 위하여 각각 불사佛舍를 세우고 영당影堂이라 일컫고, 그 전지와 노비의 반半을 시납施納하니, 전지가 모두 70여 결結이고 노비가 모두 9백 30여 구口이었으나, 병술년세조 12년, 1466년 이후에 출생한 자를 모두 속하게 하였으므로, 지금 이를 계산하면 이미 1천여 구口가 넘습니다. 신 등은 조종祖宗께서 남기신 모책謀策이 허물어지고 전조前朝, '고려를 뜻함'의 폐단이 다시 일어날까 봐 정히 두려워해서, 그윽이 스스로 통분痛憤하여 여러 번 그 불가不可함을 아뢰었는데, 전하께서 또 너그러이 용납하여 주시고 다시 고치겠다고 하셨지만, 신 등이 부복俯伏하고 어명御命을 기다린 지 여러 날이 되었습니다."

「성종실록」2년(1471) 9월 14일 / 한치영의 상소문

견성암은 연산군 4년1498 정현왕후가 현재 봉은사의 위치로 자리를 옮겨 중창하고 봉은사로 개창했으니, 샤를 바라가 수집할 당시에는 봉은사에 있었던 것으로 여겨진다.

광평대군 탄신 600주년, 2025년에 유품들은 한자리에 모일 수 있을까?

광평대군의 후손들과 프랑스 국립기메아시아박물관을 찾은 것은 2018년 10월 25일 이른 아침이었다. 쾌청한 하늘에는 부서질 것 같은 하얀 구름이 조각조각 흐르고 있었다. 모처럼 참 좋은 날씨라고 파리에 사는 이들이 말한다. 강행군 일정으로 피로가 많이 쌓였지만 팔순을 앞둔 이택종파종회장은 설레는 기색이 역력했다.

"할아버지의 유품을 직접 만날 수 있다니 밤새 잠을 이루지 못했어요. 참 기쁩니다."

박물관 큐레이터 피에르 캄봉Pierre Cambon 씨는 개관 시간 전에 도착한 우리 일행을 미리 나와서 맞이했다. 그는 한국 문화재 전문가로 한국어도 곧잘 했다. 조상의 유품을 찾아 이역만리에서 찾아온 우리 일행을 맞이한 그는 "이렇게 멀리까지 찾아온 여러분들을 존경합니다. 특별한 열람을 준비했습니다. 충분히 보아 주세요"라는 인사말과 함께 안내를 시작했다.

약간 두툼한 책 뭉치가 열리는 순간 일행은 숨을 멈춘다. 박물관 도록이나 사진으로 알려진 것보다 「변상도變相圖」와 발원문의 분량이 상당하다. 하지만 「변상도」와 일부 발원문은 심하게 손상되어 있었다.

"1970년대 홍수로 인해 기메박물관이 큰 피해를 입었습니다. 당시 습기에 젖어 일부 그림과 글씨가 훼손되었습니다. 1987년 국립도서관의 무슈 기샤의 지휘 아래 마담 기샤와 모네, 그리고 아담을 복원했지만 지금 같은 상태라 너무 안타깝습니다."

캄봉 씨의 말이다.

"2025년이 광평대군 탄신 600주년입니다. 일찍 세상을 뜬 광평대군의

광평대군의 명복을 기린 『대방광원수다라요의경』 앞에 선 방문단

유품이 거의 남아 있지 않습니다. 대군의 부인 신씨가 대군과 사별한 이후 불교에 귀의하고 조성한 『묘법연화경』 목판본도 일본 미에현 쓰시의 세이라이지西來寺에 보관되어 있습니다. 탄신 600주년을 맞이해 유품 특별전을 열 수 있게 한국에서 전시가 가능할까요?"

"특별한 문제는 없을 겁니다. 정식으로 요청하십시오. 저는 일본에 있는 유품에도 관심이 많습니다. 서로 의견을 나눌 수 있기를 기대합니다."

"이 자리에 특별히 후손의 대표가 왔습니다. 유품이 불경이라 파리 길상사의 주지 혜원 스님도 오셨습니다. 잠시 조상의 유품 앞에서 명복을 비는 의식을 하고 싶습니다."

"물론이죠."

일행은 혜원 스님의 집전에 따라 나직하지만 묵직한 마음으로 『반야심경』을 봉송했다. 캄봉 씨는 박물관 내 한국관도 안내하면서 일행들과 함께 유물들에 대해 의견을 나누었다. 그 자리에서 경북 상주 동방사에 조성된 '천수천안관음보살상'이 전시되지 않은 점에 대해 물으니 다른 나라 전시회에 대여했다고 한다.

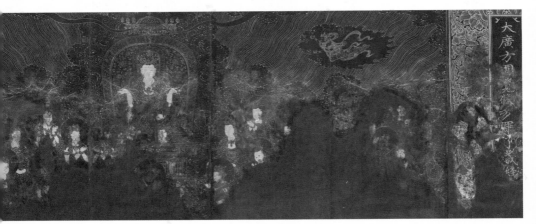

고국으로 돌아와야 할 『원각경』「변상도」

파리 길상사 주지 혜원 스님의 집전으로 명복을 비는 의식

세종대왕은 소헌왕후와의 사이에 열 명의 자녀를 두었지만 큰딸 정소공주가 13세에 요절했고, 광평과 평원대군이 해를 걸러 세상을 떠났다. 이로 인해 상심이 매우 컸다. 이런 영향으로 유교를 숭상하고 불교를 배척하는 국가 이념에도 왕실에서는 사적으로 불교를 신봉하고 불사를 했다. 왕과 왕비가 아닌 부모의 마음으로 광평대군의 명복을 빌기 위해 조성한 『원각경』 「변상도」와 『묘법연화경』 목판본 등 귀중한 유산들이 탄신 600주년에는 후손들의 품으로 돌아오길 고대한다.

성녕대군 사당, 대자암

11

안평대군이 불사한 대자암과
사라진 「몽유도원도」

**경기도 고양시 덕양구
대자동 561 대자암**

2018년 늦은 가을 이곳을 찾았다. 찾기는 어렵지 않았다. 성녕대군 사당으로 길 안내가 되어 있고 인근엔 고려 장군 최영의 묘소가 있다. 고려를 지킨 최영 장군과 조선 개국의 일등공신인 태종의 아들 묘가 한 자락에 있는 모습에서 역사의 아이러니를 느끼며 일대를 돌아보았다. 대자암은 태종의 넷째아들 성녕대군이 14세의 어린 나이로 세상을 뜨자 그의 명복을 빌기 위해 1418년에 지은 절이다.

소경공昭頃公. 성녕대군의 분묘墳墓 곁에 암자庵子 를 짓게 하였다. 분묘는 고양현高陽縣 북쪽 산리동酸梨洞 에 있었는데, 암자를 대자암大慈菴 이라 이름하고, 노비 20구口와 전지 50결結 을 붙이었다. 명하여 전 도총제都摠制 조용趙庸 에게 묘지墓誌 를 짓게 하고 대제학大提學 변계량卞季良 에게 신도비명神道碑銘 을 짓게 하고, 직예문관直藝文館 성개成槪 로 하여

금 이를 모두 쓰게 하였다.

「태종실록」 태종 18년(1418) 4월 4일

사실 지금은 성녕대군의 자취만 남아 있지만 대자암은 세종대왕과 그의 셋째아들인 안평대군과 더 긴밀한 인연이 있다.

안평은 자손이 없는 성녕의 양자로 들어가 제사를 모셨다. 성녕의 천도를 위해 지은 대자암은 안평의 주도로 불사佛事를 이룬다. 안평과 대자암과 관련한 실록의 기록은 「세종실록」 3건, 「문종실록」 10건에 이른다.

문종 2년1452 4월 5일 기사에는 "안평대군 이용李瑢에게 명령하여 향소香疏를 가지고 대자암에 가서 『화엄경』과 『법화경』을 강講하게 하였다"고 적혀 있다.

이후 대자암은 세종의 원찰명복을 비는 사찰이 되었고, 태종에서 문종에 이르기까지 왕의 명복을 비는 사찰로 자리 잡게 되었다.

『조선왕조실록』 가운데 대자암에 대한 기록은 「태종실록」(3건), 「세종실록」(35건), 「문종실록」(46건), 「단종실록」(6건), 「세조실록」(3건)에 남아 있다.

당시 대자암의 규모를 짐작하게 하는 기록으로 세종 6년1424 4월 5일 기사를 보면 "고양 대자암은 원속전이 1백 52결 96복卜인데, 이번에 97결 4복을 더 주고, 거승은 1백 20명"이라고 적혀 있다. 태조의 원찰인 회암사와 비교하면 규모가 작지만 합천 해인사보다 큰 규모임을 알 수 있다.

안평대군은 대자암에서 양아버지 성녕대군을 비롯하여 어머니 소헌왕후, 아버지 세종대왕까지 모두 제사를 지내고 왕실의 불사를 책임지는 역할을 도맡았다.

대자암에서 사라진
「몽유도원도」

안평은 1418년 9월 19일, 세종이 즉위하던 해에 태어났다. 세종의 셋째 아들로 태어나 1453년 10월 18일, 둘째 형 수양에게 죽임을 당하기까지 안평대군은 36년 생애 동안 많은 업적과 예술작품을 남겼다.

뛰어난 문예 수준을 갖추고 당대 최고의 지성인들과 교류하던 인맥 부자 안평을 수양은 극도로 경계했다고 한다. 결국 권력을 장악한 수양은 쿠데타 성공 당일 안평을 역모로 몰아 살해하고 무계정사 등 안평의 거처에 있던 문집과 예술품 등을 모조리 태웠다. 심지어 태실마저 파괴함으로써 철저히 안평의 자취를 지우고자 했다. 그것도 모자랐는지 안평의 며느리와 딸을 노비로 삼아 그의 후손마저 끊어 버렸다.

하지만 그렇듯 무자비한 세조도 선대의 명복을 비는 곳인 대자암만은 건드릴 수 없었으니 다행히 안평의 유작들이 이곳에서 생명을 부지하고 있었다.

안평과 관련된 유물 중 대표적인 것이 「몽유도원도」이다. 「몽유도원도」는 조선시대를 대표하는 최고의 걸작으로 안평이 꿈에서 본 무릉도원의 이야기를 들은 안견이 이를 3일 만에 그림으로 옮겨 완성한 작품이다. 회화적인 완성도뿐만 아니라 신숙주, 박팽년, 성삼문 등 당대 최고 문장가들의 글이 함께 있다는 점에서 조선 초 문화 예술의 성과가 집대성된 기념비적인 작품으로 평가받는다.

「몽유도원도」에는 안평의 글과 시 그리고 김종서, 박팽년, 성삼문, 서거정, 김수온, 신숙주, 하연, 만우 등이 남긴 23편의 글이 있다. 이들의 일부는 사육신으로 충절을 지켰고 일부는 수양의 편에 섰다. 비극을 예견했던

것일까. 그래서「몽유도원도」를 통해 모두가 평화로운 세상을 보여 주고
싶었던 것일까. 그렇게 이루지 못한 안평의 꿈이 오롯이 담겨 있기에「몽
유도원도」가 더욱 애틋하고 아름답게 느껴지는 것인지도 모르겠다.

　그러나 현재「몽유도원도」는 우리나라가 아닌 일본의 덴리대학교 도서
관에 있다.「몽유도원도」의 가치나 시대적 상황들을 고려했을 때, 일본이
약탈했을 것이라는 의견이 우세하나 이를 입증할 명확한 기록은 남아 있
지 않다.「몽유도원도」가 어떻게 일본 덴리대학교로 들어가게 되었는지
그 경로를 치밀하게 추적한 책,『사라진 몽유도원도를 찾아서』에서 저자
김경임 선생은「몽유도원도」가 임진왜란 때 약탈당했을 것으로 추정한다.
널리 알려졌듯 임진왜란은 '문화재 약탈전쟁'이었다. 도요토미 히데요시
는 왜군의 일부를 문화재 약탈을 위한 특수부대로 편성해 서적, 도자기,
공예미술품을 닥치는 대로 약탈하고 각 분야의 장인들을 납치했다. 당시
조선이 겪었던 피해를 세세히 기록한 자료가 부족해 그 전모가 제대로 밝

돌아와야 할「몽유도원도」

혀지지 않았지만, 『삼국유사』나 세종 때 완성한 의학대백과 사전인 『의방유취』 등의 서적과 신라 3대 범종인 '연지사 범종' 등이 이때 약탈당했다는 사실만으로도 우리 문화재의 피해 규모가 어떠했는지 짐작할 수 있다.

임진왜란 때 왜장들은 조선에 출병하면서 문화재 약탈을 담당할 인력을 따로 준비했는데 문서나 회화 등을 약탈할 때는 글을 알지 못하고 예술에 조예가 없었던 일반 병사들 대신 조선 문물에 대한 이해가 높은 승려들이 주축이 되어 그 역할을 맡았다고 한다. 당시 일본 승려들 중에는 막부의 지시로 외교관, 정탐, 책사의 역할 등을 수행하면서 조선과 중국을 수시로 드나들던 자들이 많았는데 이들은 문서를 식별하고 예술품을 알아보는 안목이 유달리 뛰어났다고 한다.

일본 사쓰마번^{현 가고시마현}의 시마즈 요시히로는 임진왜란 때 주로 경기 북부 지역에 주둔한 왜장이었다. 그를 수행했던 자 중에 '용운'이라는 승려가 있었는데 시마즈 요시히로는 국제 정세에 밝고 조선을 잘 알고 있던 용운을 통해 조선에서 약탈할 문화재 목록을 받았을 것이고, 그것을 토대로 조선 왕실의 원찰인 대자암에서 「몽유도원도」를 약탈했을 것으로 추정하고 있다.

「몽유도원도」는 1893년 일본 궁내청에서 주최한 '임시전국보물취조국' 조사위원회가 감정을 하면서 그 기록이 등장하게 되는데, 당시 「몽유도원도」의 소장자는 시마즈 가문이었다. 시마즈 가문은 사쓰마번을 700여 년간 지배했다.

「몽유도원도」가
덴리대학교로 가기까지

「몽유도원도」가 현재 보관되어 있는 덴리대학교 도서관으로 가게 된 과정은 더욱 파란만장하다. 시마즈 가문은 1920년대 세계공황 때 파산하면서 후지타 데이조에게 「몽유도원도」를 넘겼다. 이후 가고시마의 사업가 소노다 사이지에게 매각되고, 다시 이를 도쿄의 고미술상 류센도가 구입하게 된다. 류센도는 이후 1950년에 덴리교 2대 교주인 나카야마 쇼젠에게 넘기니 이것이 「몽유도원도」가 덴리대학교 도서관에 이르게 된 과정이다.

2009년 9월, 「몽유도원도」를 잠시 우리나라에 들여와 우리 국민에게 공개한 적이 있었다. 국립중앙박물관에서 열린 '한국박물관 100주년 기념 특별전'에 단 10일 동안 전시되었는데, 이를 보기 위해 구름떼처럼 몰려 몇 시간을 기다린 관람객들에게 주어진 관람 시간은 고작 1분이었다.

「몽유도원도」를 보관하고 있는 덴리대학교 도서관

이마저도 서로 줄에 밀려 이 걸작을 감상하기는커녕 훑어보며 쫓기듯 전시실을 떠나야 했다. 우리 선조가 남긴 최고의 그림을 마음 놓고 감상하지도 못하고, 이제 덴리대학교는 한국에서 반환이나 인도 요청을 할까 봐 「몽유도원도」를 공개하지 않고 있어, 다시 「몽유도원도」를 볼 수 있을지 그 기회마저 요원하기만 하다.

　해외에서 떠돌고 있는 「몽유도원도」를 우리 품으로 되찾아 오는 것은 우리 모두의 염원이다. 문화재가 과거에 약탈당한 사실이 밝혀지면 이후의 취득 과정에 문제가 없다고 해도 합법적인 소유권을 인정하지 않는 것이 현재 국제사회의 흐름이다. 국제사회의 불법 반출 문화재의 원상회복 노력이 높아지고 있는 지금, 안평대군의 꿈을 담은 「몽유도원도」의 귀환을 위해 더 많은 관심과 움직임이 그 어느 때보다 절실하다.

조선의 국새와 어보
(출처 : 문화재청 국가문화유산포털)

12

잃어버리고 숨겨진
조선의 국새와 어보를 찾아라

**세계유산으로 등재된 어보,
이 중 45과가 행방불명된 조선 왕실 어보와 어책**

유네스코 세계기록유산 등재 대상은 금·은·옥에 아름다운 명칭을 새긴 어보, 오색 비단에 책임을 다할 것을 훈계하고 깨우쳐 주는 글을 쓴 교명, 옥이나 대나무에 책봉하거나 아름다운 명칭을 수여하는 글을 새긴 옥책과 죽책, 금동판에 책봉하는 내용을 새긴 금책 등이다.

이런 책보冊寶 는 조선조 건국 초부터 근대까지 570여 년 동안 지속적으로 제작되고 봉헌되었다. 1392년부터 1966년까지 570여 년이라는 장기간에 걸쳐 지속적으로 책보를 제작하여 봉헌한 사례는 한국이 유일무이하다.

조선 왕조의 왕위는 세습이었다. 국왕의 자리를 이을 아들이나 손자 등또는 왕실의 승계자은 국본國本으로서 왕위에 오르기 전에 왕세자나 왕세

손에 책봉되는 전례典禮를 거쳐야 했다. 어보와 어책은 일차적으로 이와 같은 봉작封爵 전례의 예물로 제작했다. 이에는 통치자로서 알아야 할 덕목을 함축적으로 표현한 문구가 들어 있다. 왕세자나 왕세손에 책봉되면 그 징표로 국왕에게서 옥인玉印, 죽책竹冊, 교명敎命을 받음으로써 왕권의 계승자로서 정통성을 인정받았다. 이들이 성혼한 경우에는 이들의 빈嬪도 같은 과정을 거쳤다. 왕세자나 왕세손이 국왕에 즉위하면 즉위식에서 왕비도 금보金寶, 옥책玉冊, 교명敎命을 받았다. 왕과 왕비가 죽은 뒤에는 묘호廟號와 시호諡號가 정해지면 시보諡寶와 시책諡冊을 받았다. 왕과 왕비가 일생에 걸쳐 받은 책보는 신주와 함께 종묘에 봉안되었다. 살아서는 왕조의 영속성을 상징하고 죽어서도 죽은 자의 권위를 보장하는 신물이었다.

책보는 그 용도가 의례용으로 제작되었지만 거기에 쓰인 보문과 문구의 내용, 작자, 문장의 형식, 글씨체, 재료와 장식물 등은 매우 다양하여 당대의 정치, 경제, 사회, 문화, 예술 등의 시대적 변천상을 반영하고 있기 때문에 한국의 책보만이 지닐 수 있는 매우 독특한 세계기록유산으로서의 가치는 지대하다.

왕조의 영원한 지속성을 상징하는 어보와 그것을 주석annotation 한 어책은 현재의 왕에게는 정통성을, 사후에는 권위를 보장하는 신성성을 부여함으로써 성물聖物로 숭배되었다. 이런 면에서 볼 때 책보는 왕실의 정치적 안정성을 확립하는데 크게 기여하였음을 알 수 있다.

이것은 인류문화사에서 볼 때 매우 독특한unique 문화양상을 표출했다는 점에서 그 가치가 매우 높은 기록문화유산이라 할 수 있다.

문화재청 '국가문화유산포털 한국의 세계기록유산'에서 인용

'어보'는 궁중의식 때 왕과 왕비, 세자와 세자빈을 위해 제작하는 의례용 도장이다. '어책'은 세자와 세자빈 책봉이나 비와 빈의 직위를 하사할 때 왕이 내리는 교서를 말한다. 어보와 어책을 합해 '책보冊寶'라고 한다.

어보는 금박·은·옥 같은 다양한 재질로 만들어졌으며 어보의 손잡이는 상서로운 동물로 여기던 거북이나 용 모양으로 장식되었다. 특히 왕의 어보는 왕의 정통성과 권위를 나타내는 상징적인 도장으로, 외교문서나 행정 등 집무용 또는 대외용으로 사용된 국새와 구분된다.

어책은 오색 비단에 훈계하고 깨우치는 글을 담은 교명, 옥이나 대나무에 책봉하는 글을 새긴 옥책과 죽책, 금동판에 책봉의 내용을 새긴 금책 등으로 나뉜다. 왕과 왕비가 일생에 걸쳐 받은 어보와 어책, 즉 책보는 신주와 함께 종묘에 봉안되어 보관되었다. 이처럼 책보는 왕과 왕비 생전에는 왕조의 위엄과 정통성을 부여하고, 사후에도 그들의 권위와 영속성을 상징했기에 신물로 여겨졌다.

조선 왕실의 어보와 어책은 그 독특한 가치와 뛰어난 역사적 의미를 인정받아 2017년 세계기록유산으로 등재되었다. 570년의 역사를 꾸준히 기록하여 시대의 변천사를 잘 반영했다는 점이 등재의 배경이다.

그러나 제작된 모든 어보와 어책이 세계기록유산에 등재된 것은 아니다. 안타깝게도 드문드문 빠진 부분이 있다. 현재 국내에 보관되어 있는

어보는 332과이다.

　1980년대 이후 조창수 선생을 비롯한 재미동포들의 노력으로 반출된 어보가 한국으로 돌아오기 시작했고, 2020년 2월에는 재미동포 이대수 씨가 미국의 경매에서 구입한 효종 어보와 1882년에 제작한 국새 대군주 보大君主寶를 문화재청에 기부하기도 했다.

　실록의 기록에 따르면 태조부터 영친왕에 이르기까지 왕과 왕후, 세자를 위해 제작된 어보는 총 368과이며, 이 가운데 36과가 행방불명이다.

조선 왕실의 효종 어보(위)와 국새 대군주지보(아래)
(출처: 국립고궁박물관)

1408년태종 8에 제작한 태조의 금보, 1468년예종 1에 제작한 세조의 금보, 1900년고종 37에 제작한 영친왕의 금보 등이 사라졌다.

종묘에 있어야 할 어보가
왜 미국에서 발견될까?

1980년대 이후 조선의 어보나 국새가 유독 미국에서 발견되고 있다. 왜 그럴까? 1945년 광복과 함께 미군정이 시작되었다. 당시에는 문화재의 가치나 의미에 대한 인식이 부족해 문화재급 유물들이 뇌물로 건네지기도 하고, 재물을 얻기 위해 '골동품'으로 거래되는 사례가 빈번했다. 이 시기의 대표적인 문화재 수집가로 미군정에서 문정관을 지낸 '그레고리 헨더슨'을 꼽을 수 있다. 헨더슨은 두 차례에 걸쳐 한국에서 근무를 했는데 그는 한국에서 근무하는 동안 회화, 조각, 공예품 등 종목을 가리지 않고 문화재를 수집하고 반출했다. 그중에는 최고의 가치를 지닌 도자기들도 다수 포함되어 있었다.

헨더슨의 반출 사례 외에도 우리 문화재가 약탈당한 중요한 사건이 또 있다. 바로 한국전쟁 때 어보 등 조선 왕실의 보물이 보관되어 있던 덕수궁 미술관을 미군들이 침입하여 약탈한 사건이다. 금이나 옥에 독특한 생김새의 영물이 조각되어 있고 글자들이 화려하게 새겨져 있어 한눈에 보아도 귀한 물건임을 금방 알아보았을 것이다. 이렇게 미국으로 반출된 '대한 국새'와 '조선 어보'는 미국 전역으로 흩어졌고, 시간이 흘러 그중 일부가 거래 목적으로 경매시장 등에 나오고 있다.

미국에서 환수한 어보는 6과이다. 1987년 고故 조창수 선생의 주도로 명성황후 어보 등을 환수했고, 2014년 오바마 대통령이 방한하면서 '수강 태황제보'와 국새인 '황제지보'를 한국에 반환했다. 2017년 문재인 대통령이 미국을 방문할 때 문정왕후 어보 등 2점을 반환받았고, 장렬왕후 어보는 경매시장에서 일본 공예품으로 소개된 것을 재미교포가 구입해 국내로 들어오게 되었다. 2011년 국내 경매시장에서 문화유산국민신탁이 구입한 성종의 왕비인 공혜왕후 어보도 미국의 경매시장에 나온 것을 재미동포가 구입해 국내 경매시장에 내놓은 것이다.

이처럼 사라진 어보 대부분이 미국에서 발견된다는 점에서 미군정 당시의 수집가들과 한국전쟁 때의 약탈 사건들, 그리고 문화재의 반출이 용이했던 1970년대 이전 시기 상황과 밀접한 관련이 있음을 알 수 있다.

조선 국새 25과 중 22과, 대한제국 국새 13과 중 8과, 옥책 8책, 교명 4책도 행방불명

문화재청의 자료에 따르면 조선 국새 25과 중 22과는 1907년 이후에 대부분 사라졌다. 다시 말해 일제강점기, 미군정, 한국전쟁 시기에 대부분을 잃어버렸다는 뜻인데 최근 미국에서 국새가 발견되는 것으로 보아 미군정이나 한국전쟁 때 상당수 반출되었을 것이라고 추정된다.

옥책玉册은 왕실에서 왕비나 세자 또는 세자빈을 책봉할 때 존호·시호·휘호를 올리거나 죽음을 애도하기 위해 옥玉이나 대나무竹 등에 글을 새겨서 엮은 문서이다. 현재 국내에는 258건의 옥책이 있으며 고려시대 1건, 조선시대 253건, 대한제국기 47건 등이 있다.

그러나 1837년에 제작한 헌종의 어머니인 신정왕후의 '신정왕후상존

호옥책神貞王后上尊號玉冊'과 1844년 제작한 헌종의 부인인 효정왕후의 '효정왕후봉왕비옥책孝定王后封王妃玉冊' 등 8점이 사라졌다.

2018년에 효명세자빈을 책봉한 내용을 담은 죽책이 프랑스 경매에 나온 것을 발견해서 환수하는 등 그동안 숨겨져 있던 유물들이 점차 세상 밖으로 나오고 있다.

이외에도 조선시대에 왕비와 왕세자, 세자빈을 책봉할 때 임금이 내리던 문서인 교명教命 4책도 행방불명이다. 행방불명된 교명에는 '철인왕후봉왕비교명(1851년)'과 '순명왕후봉왕세자빈교명(1882년)' 등이 있다.

사라진 어보와 국새, 어책 등 조선 왕실 유물의 행방과 그 반출 경로를 파악하기 위해서는 더욱 철저한 조사와 연구가 뒤따라야 한다. 하루빨리 세계 각지로 흩어진 기록과 유물들을 되찾아 역사의 전부를 볼 수 있게 되는 날이 오기를 기대한다.

법천사지 지광국사탑

13

110년 만에 귀향하는 국보
지광국사탑

고려 돌조각 예술을 대표하는
지광국사탑

국보 제101호 고려 지광국사탑이 본래 자리인 강원도 원주 법천사지로 돌아가게 되었다. 110년 만의 귀향이다. 문화재청은 전면 해체하여 보수 중인 탑을 원상회복해 본래 자리인 원주 법천사지에 봉안하기로 했다. 당연한 결정이다.

지광국사탑은 기구한 운명을 온몸으로 견뎌냈다. 한국 근현대사의 비극이 이 석탑에 온전히 아로새겨져 있다고 볼 수 있다. 현재 법천사지에는 당간지주와, 석탑과 함께 조성했던 지광국사탑비_{국보 제59호}가 홀로 남아 있었는데 이제 석탑과 비석이 다시 만날 날이 머지않았다. 참으로 무참한 세월이었다.

고려의 돌조각 예술을 대표하는 지광국사탑은 고려시대 승려 지광국사 해린_{984~1067}을 기리기 위해 조성되었다. 본래 법천사지에 남아 있는 지광국사의 탑비와 한 쌍을 이루었다. 그러나 임진왜란 당시 법천사가 불

법천사지 지광국사탑비

에 타 사라져 버렸고, 그나마 비석과 석탑이 온전히 남아 그 자리를 지키고 있었다.

법천사는 이후 복원되지 못해 폐사지가 되었고 너른 들에는 수풀만 황량히 우거지게 되었다.

세월이 흘러 1876년 강화도 조약이 체결되자 곧 일본인들이 조선으로 물밀듯이 들어왔다. 이 중에는 고고학자와, 그들과 연을 댄 골동품 상인들도 있었는데 이들은 고적 조사를 한다는 평계로 한반도 전역을 마음껏 들쑤시고 다녔다. 당연히 왕릉 같은 고분과 옛 절터는 그들의 주된 표적이 되었다.

법천사지에서, 지극히 화려하고 섬세한 수법으로 제작되어 고려 미술의 전성기를 보여 주는 이 아름다운 석탑을 발견한 일본인들은 군침을 삼켰을 것이다.

1911년, 석탑은 해체되어 서울 명동의 무라카미 병원으로 옮겨졌고, 이듬해 서울 중구 남창동의 와다 저택 정원으로 이전되었다가 급기야 1912년에 일본 오사카의 후지와라 남작 가문의 묘지 조경물이 되기에 이르렀다.

당시 일본인들은 한국의 석탑이나 불상 등을 조경용으로 무단 반출하기 일쑤였다. 개성의 '경천사 십층석탑'도 궁내대신 다나카 미쓰아키가 산산히 조각낸 뒤 불법으로 반출해 큰 문제가 되었다. 하긴 경주 석굴암도 해체해 반출하려다 반발에 부딪혀 무산되었으니, 이러한 약탈자들은 일국의 문화와 문화재에 대한 예의나 존중도 모르는 무지하고 무례한 자들이라고밖에 표현할 수 없다.

이런 안하무인의 약탈 행위에 대해 우리 국민들은 물론 외국인들도 크게 분노했다. 영국 언론인 E. 베델과 미국 언론인 H. 헐버트는 이 같은 극악무도한 만행을 맹렬히 비판했고, 곧 국제적인 논란이 되자 조선총독부는 약탈자들에게 밀반출한 문화재들을 반환하라고 명령했다.

조선물산공진회에
모습을 드러낸 지광국사탑

1915년, 조선총독부는 경복궁에서 '조선물산공진회'라는 대규모 산업 박람회를 개최했다. '조선병합을 통해 조선의 산업이 진보하고 발전하고 있다'는 것을 한국민에게 과시해 조선 침략의 정당성을 확보하려는 의도에서였다. 총독부는 전 산업 분야에 걸친 생산품과 건축물 등을 전시하고 전국의 농민들까지 강제동원해 관람케 했다. 이 전시회에 전국의 폐사지 등에서 반출한 석조물들이 전시되었는데, 이때 사진에서 지광국사탑의 모습도 찾을 수 있다.

그러나 광복 이후에도 지광국사탑은 고향인 법천사지로 가지 못하고 경복궁에 남았다. 한국전쟁 와중에는 폭격을 당해 1만 2천여 조각으로 산산이 부서지기도 했다. 다행히 파편을 모아 복원했지만 졸속으로 진행된 탓에 이전의 제 모습을 온전히 찾진 못했다.

이후 1990년부터 경복궁 국립고궁박물관 뒤뜰에서 어색한 모습으로 사람들을 맞이하다 비로소 2015년에 이르러서야 문화재청이 원상회복 조치를 취하기 시작했다.

일제의 흔적,
산지사방으로 흩어진 문화재들

지광국사탑의 귀환 소식에 원주 시민들의 반응은 뜨겁다. 임진왜란 이후 폐사지로 남아 있던 법천사지를 복원하자는 움직임도 이어지고 있다.

지광국사탑처럼 일제강점기에 불법으로 반출되거나 부당하게 징발되어 다른 지역으로 떠돌게 된 문화재는 셀 수 없이 많다. 국립중앙박물관 석조물 야외 전시장에는 '조선물산공진회' 때 징발된 석탑, 부조탑 등이 즐비하게 서 있다. 전국의 국립박물관이나 사립박물관에도 제자리를 찾지 못하고 생뚱맞은 곳에 서 있는 탑들이 많이 있다.

국외 불법 반출 문화재의 환수 못지않게 국내에서 본래 자리로 돌아가지 못한 문화재를 하루빨리 제자리로 돌려놓아야 한다는 목소리가 커지고 있다. 이런 활동에 지역민과 지방정부가 나서고 있다. 대표적인 예로, 경북도민들은 국보 제81호 감산사 '석조미륵보살입상', 국보 제82호 감산사 '석조아미타여래입상', 보물 제1977호인 '청와대석불', 국보 제99호 김천 길항사 '동·서 삼층석탑'은 물론, 국보 제191호 '경주 황남대총 북분 출토 금관'과 국보 제83호 '금동반가사유상' 등을 원래 자리로 되돌려놓을 것을 요구하고 있다.

충청남도는 반출문화재 실태조사단을 구성하고 환수할 문화재를 조사하고 있다. 대표적인 사례가 서산 보원사지 '철조여래좌상'이다. 1918

년 조선총독부가 서울로 옮긴 후 100년이 넘게 돌아오지 못하고 있다. 철조여래좌상은 현재 국립중앙박물관에 있다.

이외에도 논산과 예산에서 출토되었으나 다른 지역의 사립박물관에 보관되어 있는 청동유물이 있다.

국립중앙박물관은 지역의 대표적인 문화유산을 지역의 브랜드로 자리 잡게 하겠다는 계획을 발표하고, 2020년까지 일제강점기에 강제로 징발된 문화재를 고향으로 돌려보내겠다고 밝혔다. 그 수가 4만여 점으로 해방 이후 최대 규모다.

그러나 이 또한 알맹이가 빠져 있다는 평가를 받고 있다. 지역을 대표하는 유물이나 지역민들이 돌아오길 염원하는 유물들 대부분이 빠진 채 돌려보내고 있고, 심지어 원래 자리로 완전히 이관하는 것도 아닌 국립박물관 간의 이동이기 때문이다.

문화유산은 본래 자리에 있을 때 그 의미와 가치가 더욱 빛을 발하게 된다. 문화유산을 만든 선조들의 이야기와 이를 기억하려는 그 지역 후손들의 애정과 노력이 담기기 때문이다. 그렇기에 문화재 제자리 찾기를 위한 지역민들의 관심과 그에 대한 중앙정부의 화합 노력이 더욱 필요한 때다.

겸재 정선의 「금강산전도」

14

'아침의 나라 조선'을
수집한 사람들

파란 눈의 서양인,
'조선'을 방문하다

> 한국 정신의 명석함은 아름다운 도서 인쇄에서, 현존하는 가장 단순한 자모字母의 완성도에서, 그리고 세계 최초의 인쇄 활자 구상에서 드러나는데, 나는 굳이 여기서 중국으로부터 받아들인 갖가지 지식과 기술을 발전시켜 일본으로 전수시킨 점을 말하지 않겠다. 극동 문화에 한국의 역할은 엄청난 것이어서, 만일 그 입지가 유럽과 흡사한 것이었다면 한국의 사상과 발명은 인접 국가들을 모두 흔들어 놓았을 것이다.
>
> 모리스 쿠랑, 『조선서지』 권1 서문(1895년판)

1901년, 현존하는 세계 최고最古의 금속활자본인 '직지'를 소개한 프랑스의 동양학자 모리스 쿠랑Maurice Courant, 1865~1935이 저술한 『조선서지』의 서문 내용이다. 그는 "서울의 거의 모든 책방을 뒤지며 장서를 살폈으며 가장 흥미로워 보이는 책들을 사들였다"고 했다.

18세기 중반부터 조선에는 파란 눈의 낯선 이들의 방문이 시작되었다. 물론 1627년, 표류하다 조선에 정착해 살았던 네덜란드인 벨데브레조선 이름 박연와, 1654년, 역시 바다를 표류하다 제주도 등지에서 지낸 하멜 같은 이가 있었지만 이는 계획된 방문이 아닌 우연한 표류의 결과였다.

조선이 사대事大라는 명분으로 나라의 빗장을 걸어 잠그지 않고 삼국시대나 고려 때처럼 아라비아 권역까지 활발히 교역했더라면 이들과의 만남은 좀 더 일찍 이루어졌을 것이다. 그러나 조선은 18세기 중반까지 오직 중국을 통해서만 문물을 나누었으니, 조선을 방문한 이들이나 느닷없이 방문객을 맞았던 조선인들이나 어리둥절하고 낯설기는 매한가지였을 것이다.

18세기 이후 유럽은 시민혁명과 산업혁명을 이루고 바야흐로 제국의 시대로 접어들며 팽창을 위한 식민지 영토 쟁탈전을 일삼고 있었다.

한편, 이웃 나라 일본의 막부는 1854년 미국의 무력에 굴복해 '미일화친조약'을 맺고 서서히 개항을 준비하고 있었다. 이때 일본이 서양의 식민지로 전락할 것을 두려워한 야마구치의 조슈아 청년 5인(이토 히로부미, 엔도 긴스케, 이노우에 마사루, 야마오 요조, 이노우에 가오루)은 1863년 목숨을 걸고 영국으로 밀항했다. 그 후 이들은 머리에서 발끝까지 '근대'와 '산업'이라는 이름으로 무장하고 귀국해 700년 막부정치를 몰아내고 메이지 유신을 단행하면서 세계 역사 전면에 등장하기 시작했다.

반면 조선은 1592년 임진왜란과 1636년 병자호란을 겪으면서 온 나라가 만신창이 되었고 이에 개방의 문은 더욱 꼭 걸어 잠근 채 세계의 변화에 눈과 귀를 닫고 있었다. 오직 중국에만 의지해 그들을 향해서만 문을 열어두고 그 문으로만 세상 소식을 듣고 문물을 교류했다.

서양인에겐 '조선'의
무엇이 그리 흥미로웠을까?

'조용한 아침의 나라', '은둔의 나라'로 불리던 조선을 방문한 서양 사람들은 급변하는 국제 정세에도 아랑곳없이 놀라울 정도로 평온을 유지하고 있는 조선의 사상적 경향과 높은 수준의 문명에 감탄을 금치 못했다.

그들이 쉽게 구하지 못하던 동양의 고전들이 시장의 책방에 널려 있었으며, 중국에만 있는 줄 알았던 고급스러운 도자기 또한 어디서든 볼 수 있다는 사실에 한편으로 충격 받았을 듯하다. 마치 마블의 영화 「블랙팬서」에 등장하는 '와칸다국'을 본 느낌이었다고 할까.

자기들만이 최고 수준의 문명을 이루고, 그 특권을 누리고 있다고 여겼는데 바다 건너에서 찾은 작은 나라 '조선'이 그 통념을 깨 버린 것이다. 대문을 걸어 잠그고 들어앉은 조선이 간직하고 있던 문물은 서양의 그것과는 차원이 다른 수준이었으니 이들이 앞다투어 조선을 '수집'한 것은 어쩌면 당연한 일이었다.

산업혁명 이후 영국에서 불기 시작한 자유무역의 바람은 이익을 위해서라면 국경도 양심도 넘어설 수 있다는 새로운 인식을 불러일으켰다. 영국이 정의나 종교의 문제가 아닌 오로지 '돈'과 정복욕 때문에 중국을 공격했던 아편전쟁이 그 예다. 이처럼 '돈' 되는 일에 혈안이 된 일부 서양인들에게 신비한 '조선의 보물'들은 훌륭한 먹잇감이 되기에 충분했다.

물론 이들 중에는 친절을 베풀고 신식 교육을 함께하며 조선의 운명을 걱정하던 이들도 있었다. 대표적인 인물들로 콜랭 드 플랑쉬, 샤를 바라, 뮈텔 주교, 앙투아네트 손탁, 묄렌도르프, 노르베르트 베버, 쟁어, 마이어, 베베르, 슈페이예르, 파블로프 등을 꼽을 수 있다.

조선을 방문했던 자들의 직업은 외교관, 선교사, 사업가, 학자, 여행자, 수집가 등 다양했다. 독일에서 발행한 박물관 자료『Korea Rediscovered! Treasures from German Museums 한국의 재발견! 독일 박물관의 보물』에는 당시 조선을 방문했던 독일인들의 직업을 이렇게 분류하고 있다.

> 1. 외교관과 다른 영사관의 구성원, 영사관 직원
> 2. 한국에서 일하는 독일인
> 3. 군인 및 관료
> 4. 상인, 기술자, 광부
> 5. 교수, 강사, 과학자
> 6. 성직자, 신부, 수도사
> 7. 탐험가, 여행자, 작가
> 8. 상선의 승무원
> 9. 기타
> 10. 이들의 가족

방문자들은 본격적으로 조선을 '수집'하고 '분석'하기 시작했다. 이때 왕실, 불교, 민속 등 전 분야에 걸쳐 대대적인 수집이 이루어졌고 세계 최고의 금속활자본『직지심체요절』을 비롯하여 무수한 도서와 도자기, 그림, 예술품 등이 해외로 반출되었다.

100년이 지나 귀환하는
조선의 유물들

　현재 우리나라 밖에 있는 한국 문화재는 약 19만 점으로 파악되는데, 물론 전수 조사한 결과는 아니다. 지금도 매년 조사를 진행하고 있어 그 수는 계속 늘어나고 있다. 2005년 처음으로 국외에 있는 우리 문화재 수가 발표되었는데, 당시 74,434점으로 집계되었다.

　지금까지 조사한 내용에 따르면, 외국에 남아 있는 우리 문화재는 21개국 600여 곳에 흩어져 있다. 조사하면 할수록 더 많은 곳에서 더 많은 수의 유물의 존재가 밝혀질 것이다.

　2018년 문화유산회복재단은 프랑스와 독일을 방문하여 한국 문화재를 소장한 기관들을 찾아갔다. 프랑스 국립기메아시아박물관은 한국 문화재 도록을 제작할 정도로 우리 문화재를 많이 소장한 기관으로 어느 정도 알려졌지만 파리천문대, 케브헝리박물관, 뮌헨오대륙박물관은 방문 조사가 이루어지지 않아 어떤 유물이 얼마나 있는지 알 수 없는 곳들이었다.

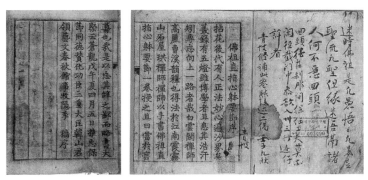

최고의 금속활자본『직지심체요절』

문화유산회복재단의 연구원들이 파리 동양문명대학교 도서관에서
「천지도」 등 조선의 고천문 자료를 열람하고 있다.

이곳들에서 '조선'을 상징하는 여러 유물을 만날 수 있었다. 취득 경위를 물으니 19세기와 20세기 수집가나 일본인 골동품상을 통해 구입한 것들이라 한다. 합법적인 경로로 최근 구입한 것도 일부 있었으나 주요 고미술품은 '은둔의 나라 조선'에서 알 수 없는 경로로 수집된 것들이었다.

이렇게 반출된 유물의 일부가 고향으로 귀환하고 있다. 독일 상트 오틸리엔 수도원은 2005년 『겸재 정선의 화첩』을 영구대여 형식으로 한국에 돌려주었다. 명분은 한국선교 120주년 기념이다.

대한제국 시기인 1883년, 독일 상인 에두아르트 마이어와 카를 안드레아스 볼터가 인천에 '세창양행'이라는 최초의 무역회사를 설립했다. 이때 볼터가 소장했던 「해상군선도海上群仙圖」가 한국으로 돌아왔다. 한·독 수교 130주년이 되는 2013년 볼터의 외손녀인 예거후버의 뜻에 따라 귀환하게 되었으니 그 의미가 남다르다.

드라마 「구르미 그린 달빛」으로 유명한 비운의 왕세자 효명세자의 부인인 신정왕후를 세자빈으로 책봉한 죽책이 프랑스에서 발견되었다. 죽책은 1857년까지 강화도 외규장각에 있다가 1866년 병인양요 때 프랑스로 반출된 것으로 추정된다. 그 죽책 역시 150여 년 만에 고국으로 돌아왔다.

2019년 3월에는 독일 로텐바움 세계문화예술박물관은 반출 과정에서 불법성이 의심된다며 소장하고 있던 조선시대 문인석 한 쌍을 한국으로 돌려주었다. 이유는 문인석은 무덤을 지키는 수호신이기 때문에 애초 거래 대상이 아니라는 것이다.

이처럼 여러 경로를 통해 마치 태어난 곳으로 돌아오는 연어처럼 유물들이 귀환하고 있다. 1945년 광복 이후 2019년까지 12개국에서 10,140점의 문화재가 환수되었다. 이 중에 특히 유럽으로 반출되었던 유물들의 귀환이 점차 늘어나고 있다.

천수천안관음상

15

경북 상주를 지킨 동방사와
파리로 간 천수천안관음상

배 모양의 상주를
동방사가 지키다

경상도라는 지명은 1314년고려 충숙왕 1에 경주와 상주의 첫 글자를 따서 지었다고 한다. 북으로는 백두대간의 줄기인 속리산이 우람하게 솟아 있고, 남으로는 낙동강 줄기가 평야를 휘돌아 흐르고 있다. 그 안에 산과 물, 들이 고루 펼쳐지니 너나없이 인심이 넉넉한 곳, 그곳이 경상도다. 그러나 산 좋고 인심 좋은 넉넉한 상주에 살던 옛 선인들에게도 근심이 있었으니 그 이유는 이렇다.

첫째는 지네蜈蚣 형상 때문이었다.

상주여자고등학교 서쪽에 밤나무 숲이 우거진 율수栗藪라는 제방이 있다. 선인들은 노음산에서 시작해 북천에 이르는 지형이 지네를 닮아 그 때문에 소년들의 죽음이 많다고 여겼다. 그래서 액을 막기 위해 그 반대편인 율수에 지네가 싫어하는 밤나무를 잔뜩 심었다 한다.

1873년고종 10 지금의 상주시 복룡동에 세워진 '조공제'라는 저수지의
비문에 따르면, "1871년 상주목사로 부임한 조병로가 밤나무 숲에 둑을
다시 쌓고 마을 이름을 율수리 또는 밤숲개로 하였다"고 한다. 당시 사람
들이 지네 형상의 풍수설을 얼마나 심각하게 여기고 있었는지를 알 수 있
는 대목이다.

두 번째 근심은 배 모양의 형세였다.

상주 시내 한복판에 옛 동방사東方寺 터가 있다. 대개는 산속이나 그 언
저리에다 절을 짓는데 특이하게도 동방사는 고을 한가운데 자리를 잡았
다. 그 이유에 대한 자세한 설명이 고려 우왕 때 자초 스님이 창건한 동해
사東海寺의 기록에 있다.

1881년 제작된 『동해사실기東海寺實記』에는 "상주 들녘이 떠다니는 배
의 형국과 같아 배를 묶어 두기 위해 병성천과 북천의 사이에 가짜산假山
을 만들어 동방사를 세웠다"라고 기록되어 있다. 상주 시내의 지형은 북
동쪽에서 흐르는 물과 남동쪽으로 흐르는 물이 복룡동에서 합수하여 병
성천으로 이어지고, 그 가운데 충적평야가 자리하고 있는 형세이니 선인
들은 동방사로 하여금 상주를 지키려고 한 것이다.

동방사는 비보사찰裨補寺刹이다. 비보사찰이란 풍수적으로 산천의 기
운이 조화롭지 못한 곳에 부족한 것을 보완하기 위해 짓는 사찰로, 사찰
대신 불탑이나 불상을 세우기도 한다.

비보사상은 신라 때 도선국사가 주창하여 고려시대에 이르러 크게 전
파되었다. 비보사찰인 동방사는 불교의 부흥기인 신라 때 창건되어 고려

를 거쳐 융성했으니 그 규모를 충분히 가늠해볼 수 있다.

동방사의
기억들

신라 말 창건되어 크게 일어났던 동방사는 임진왜란 때 불에 탄 것으로 전해진다. 그 후 복원 기회를 놓쳐 지금은 절터마저 농토가 되고 말았지만 동방사의 흔적들은 곳곳에 남아 있다. 복룡동 207-2번지에 남아 있는 동방사의 당간지주는 천년의 시간을 말해 주고 있다.

현재 왕산공원(상주시 서성동)을 지키는 석불은 동방사 터에서 옮겨온 것이다. 동글한 얼굴, 내리뜬 눈과 묵직한 콧방울, 도톰한 입술은 마치 만화 속의 캐릭터와 닮았다.

동방사 복원에 힘쓰는 동조 스님(상락사 주지)은 "비로자나불의 모습은 당시 민초들의 간절한 염원을 간직하고 있어요. 동방사가 비보사찰로 물의 피해를 막기 위해 창건되었고, 또 석불을 조성했다는 것은 떠내려가지 말고 영원히 자리를 지켜 달라는 마음이죠"라며 동방사와 비로자나불의 의미를 전한다. 하지만 현재 비로자나불은 원래의 자리를 떠나 왕산공원 가장 높은 곳에서 상주를 바라보고 있다.

지금은 밭이 된 동방사 터에서 농사짓는 이는 요즘도 기와 조각, 그릇 조각 등 관련 유물이 나온다고 말했다. 당간지주가 있는 주변의 농지에서 "조선시대 자기, 와편과 함께 신라시대 단선문, 고려시대 어골문 와편이 채집되는 것으로 보아, 신라 말이나 고려 초 사원이 위치하였던 곳으로 추정되는 곳"이라고 〈상주문화〉(제22호)에 기록되어 있다.

왕산공원 가장 높은 곳에서 상주를 바라보고 있는 비로자나불

동방사 당간지주

파리까지 간
철불관음상

천수천안千手千眼, 천 개의 손과 천 개의 눈을 가진 천수천안관세음보살을 형상화한 것으로 만 세상을 살펴보고 구원하겠다는 지극한 소원을 담았다. 국내에도 몇 곳에 비슷한 형태의 불상이 있으나 동방사 관음보살처럼 오랜 역사와 예술적 완성도를 갖춘 불상을 만나기는 어렵다.

프랑스 파리의 국립기메아시아박물관 전시실 한복판에서 천수천안관음상이 방문객들을 맞이하고 있는데, 그 독특하고 신비로운 모습으로 모든 이들의 시선을 사로잡는다고 한다.

천수천안관음상은 1882년 조선 기행에 나선 샤를 바라가 수집해 국립기메아시아박물관으로 옮겨졌다. 바라는 자신의 조선 여행을 기록한 『조선기행』에 "프랑스 마르세이유에서 출발, 일본과 중국을 거쳐 인천에 도착, 한양을 경유하여 문경새재를 넘고 낙동강변을 따라 대구, 부산에 이르기까지 기행하였다"라고 썼다. 당시 상주는 규모가 큰 고을로 이 이방인은 상주에 들렀다가 특별하게 생긴 천수천안관음상을 보고 수집했을 것으로 추측한다.

천수천안관음상이 동방사 출토품이라는 근거는 어디에 있을까. 불행하게도 동방사 사적기나 향토사 등의 관련 기록에서는 아직까지 발견하지 못했다. 다만 샤를 바라가 남긴 기록으로만 확인될 뿐이다.

그는 신기하게 생긴 불상을 보며 동방사의 옛 이야기를 함께 들었을 것이다. 그리고 특별한 사연을 담고 있는 동방사를 기억하기 위해 '동방사 출토품'이라는 기록을 남겼을 것이라 추정된다.

상주를 지키고 주민들을 보호하기 위해 지은 동방사. 창건 당시 사찰의 크기가 수십 리에 이르고, 그곳에서 생활하던 승려도 수백 명이었다는 말이 무색하게 지금은 절터도 보전되지 못한 채 이곳의 유물들은 각지에 흩어져 있다. 천수천안관음상을 동방사로 봉안하고 각지에 흩어진 유물을 제자리로 돌려놓는 일은 상주 역사의 상처를 치유하고 동방사의 옛이야기를 완성하는 일이 될 것이다. 동방사에서 반출된 유물들의 경위를 제대로 조사하고 파악하여 뿔뿔이 흩어진 유물들이 원상회복될 수 있도록 노력해야 한다.

명성황후 화조도접선

16

화조도접선의 귀환과
명성황후의 꿈

**행운을 가져오는 꽃에
아침을 깨우는 종달새가 날아드니**

꽃에 종달새가 날아들었다.

종달새의 표정에 호기심이 가득하다.

수놓은 꽃은 불수감佛手柑이다. 불수감은 부처의 손가락 모양을 닮았다 하여 붙인 이름이다. 이 꽃을 새겨 넣으면 아들을 많이 낳고 복을 많이 받으며 오래 산다고 한다.

행운을 가져오는 꽃에 아침을 깨우는 종달새가 날아드니 이는 분명 조선의 행복을 기원하며 한 땀 한 땀 정성을 다한 귀한 물건임이 분명하다.

부챗살은 상아象牙로 세웠고, 부챗살에도 문양을 넣어 품위를 드높였다. 상아는 코끼리에게서 얻는다. 코끼리는 순결과 행운의 상징이다.

이 부채가 2018년 8월, 떠나간 지 133년 만에 돌아왔다. 때마침 2018년은 부채의 주인공 명성황후의 123주기이다. 비명에 가신 황후의 기신제가 10월 8일이니 후손들은 조금이나마 도리를 하게 되었음에 위안이 되

화조도접선

었으리라.

　자, 이제 '화조도접선'이 어떻게 이역만리 미국 오하이오 톨레도까지 가게 되었는지 알아보자.

　1884년 12월 4일, 우정국조선 말에 체신사무를 맡아보던 관청 개국 축하 만찬회에 김옥균 등이 일으킨 갑신정변으로 황후의 조카 민영익이 칼에 찔려 크게 다치는 사건이 발생했다. 특히 목에 깊은 상처를 입어 목숨이 위태로웠다. 선교사에 의사이기도 한 알렌은 9월에 조선에 왔지만 마땅한 결실을 얻지 못하다가 12월, 조선 왕실의 급한 부름에 달려가게 된다. 그곳에는 깊은 상처를 입고 신음하는 민영익이 있었고 그 옆엔 여러 명의 한의사들이 그를 치료하고 있었다.

　하지만 외과적 수술 없이는 출혈을 멈추게 할 방법이 없었다. 알렌도 출혈이 너무 심하고 시간이 많이 경과한 탓에 가망이 없다고 생각했다. 하지만 알렌은 나는 새도 떨어뜨린다는 조선의 실세를 살려내는 것이 자신의 앞날에 중대한 갈림길이 될 것임을 직감했다.

당시 민영익을 향한 왕실의 신임은 절대적이었다. 약관 22세의 나이에 청나라 외교사절을 거쳐 23세에는 전권대사가 되어 미국, 영국, 프랑스, 인도, 홍콩을 거쳐 조선으로 돌아와 새로운 시대를 준비하고 있었다. 그런 그가 정변의 소동 속에서 깊은 상처를 입고 목숨이 위태로운 상황이니 황후는 얼마나 애간장이 탔을지 짐작하고도 남는다. 이에 알렌은 간절히 기도하는 마음으로 최선을 다해 치료를 했고 청년 민영익은 기적처럼 살아났다.

알렌은 사례로 십만 냥의 현금과 상아로 만든 칼을 받았다. 무엇보다 알렌이 받은 것은 조선 왕실의 절대적인 신임이었다. 알렌은 이 사건을 계기로 왕실의 주치의가 되었고 조선의 임금으로부터 서양식 병원 설립을 허가받기에 이른다.

이런 사연으로 최초의 서양식 병원인 광혜원이 1885년 2월 29일 개원하게 된다. 광혜원 터는 갑신정변의 주범인 홍영식의 집을 몰수한 곳으로 현재는 헌법재판소가 들어서 있다. 광혜원은 그해 3월에 제중원으로,

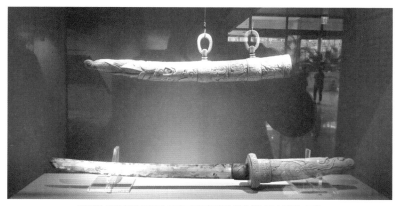

알렌이 민영익에게 받은 상아로 만든 칼(연세대 세브란스병원 소장)

1904년 세브란스병원으로 개칭한 이래 지금까지 이어오고 있다.

당시 조선은 일본, 중국, 러시아 등 주변 강대국은 물론 밀려드는 서구 열강의 틈바구니에서 부단히 살길을 찾고 있는 중이었다. 그 가운데 미국에 대한 기대가 컸는데 이유는 일본을 견제할 수 있는 강대국이면서도 거리가 멀어 나라가 복속될 염려가 작다는 것이었다.

조카 민영익의 쾌차로 알렌의 부인과 급격히 가까워진 황후는 자주 마주 앉아 격변하는 바깥세상 소식을 들었을 것이다. 밀려오는 서양 문물과 변화, 그리고 일본의 야심을 경계하기 시작한 조선 왕실은 사대의 나라 청나라보다 미국에 마음을 주게 된다.

호러스 뉴턴 알렌은 누구인가?
조선 이름 안연

호러스 뉴턴 알렌Horace Newton Allen은 1858년에 미국 오하이오주州에서 태어났다. 1881년 미국 오하이오 웨슬리언대학 신학부와 1883년 마이애미 의과대학을 졸업해 신학과 의학을 전공했다. 북장로회 의료선교사로 중국에 파견되었으나 선교 활동이 여의치 않자 친구의 권유로 1884년 9월, 조선에 입국해 선교사로 활동을 시작한다.

당시 조선과 미국은 1871년 신미양요라는 거센 역사의 소용돌이를 지나, 1882년 조미수호통상조약을 체결하며 새로운 관계를 형성하고 있었다. 이때 많은 미국인이 조선을 찾기 시작했고 미국 개신교인들의 발길도 잦아지고 있었다. 알렌은 주한 미국공사관 소속 의사로 있으면서 선교 사업을 시작했지만 오랜 기간 충효사상을 기반으로 한 유교가 자리 잡은 조

제중원 설립에 공헌한 알렌 　　알렌에게 수여한 훈공일등 태극대수장
(출처: 문화재청 국가문화유산포털)

선에서 기독교를 전파하는 것이 쉽지 않았다. 더구나 가톨릭이 그보다 앞서 들어와 많은 희생을 치르면서 점차 조선에 뿌리내리던 시기였다.

조선에 온 지 석 달여 만에 알렌은 민영익을 살려냄으로써 왕실의 의사와 정치고문 역을 맡게 되었다. 1885년 제중원濟衆院에서 의사로 일하다가 1887년 참찬관參贊官에 임명되어 주미 전권공사 박정양의 고문으로 미국에 건너가 대한제국의 사절단을 도왔다. 1889년 조선으로 돌아온 그는 대한제국의 독립을 위해 미국 정부와 민간단체에 우리의 주장을 알리는 등 여러 노력을 기울였다. 1890년 주한 미국 공사관 서기관으로 임명되었으며, 1892년 〈한국휘보The Korean Repository〉를 창간하기도 했다.

왕실의 신임이 두터운 그는 운산광산의 채굴권과 경인철도 부설권을 J. 모스에게 주선하는 등 미국의 이익을 위해 복무하기도 했다. 1901년 주한 미국 전권공사로 승진했고, 1904년 고종황제에게 훈공일등勳功一等 태극대수장太極大綬章을 받았다. 1905년 가쓰라-태프트 밀약으로 을사늑약이 체결되자 미국 정부에서 소환하여 귀국했고, 고향인 오하이오주에서 1932년 12월 11일 사망했다. 그는 한국과 관련하여『한국 설화Korean Tales』,『한국의 풍물Things Korean』등 여러 편의 책을 저술하기도 했다.

화조도접선과
명성황후의 꿈

조카의 목숨을 살렸고 대한제국의 자주독립을 지지·성원하는 알렌이 황후의 입장에선 고마운 사람이었을 것이다. 더구나 미국은 크게 번성하고 발전한 나라가 아닌가. 그곳에서 온 미국인 알렌은 그래서 더 특별한 존재였을 것이다.

부채는 바람을 일으킨다. 옛 사람들에게 '바람'을 일으킨다는 것은 '절대 힘의 상징'이다. 자연의 조화를 뛰어넘는 행위이기 때문이다. 신선들의 부채놀이, 황제 곁의 하늘하늘한 부채들이 그렇다.『삼국지』의 제갈공명은 적벽대전에서 부채로 바람을 일으켜 압도적으로 우위에 있던 조조의 대군을 격파하지 않았는가. 이렇듯 부채는 실용을 넘어 상징적인 의미를 담고 있다.

명성황후는 어느 날 평소 친분이 두터웠던 알렌 부인에게 부채를 선물했다. 화조도접선이라는 이 부채에는 어떤 뜻이 담겨 있었을까?

황후는 조선에 갇혀 있는 자신을 꽃으로 새기고 먼 서양에서 온 친절한 이방인을 종달새로 새겨 조선에 행운이 가득하기를 바라는 마음과 함께 조선에도 부국강병의 새바람이 불어오길 바라며 상아로 날을 세운 부채를 선물하지 않았을까 상상해 본다.

그 부채가 133여 년 만에 돌아왔다. 우리는 알렌 컬렉션 조사하던 중에 알렌의 후손들이 화조도접선을 비롯한 몇몇 유물을 소장하고 있다는 사실을 확인했다. 유물 소장 확인과 기증 의사는 김정광 문화유산회복재단 미국지부장이 오하이오주 톨레도를 방문해 증손녀 리디아 알렌을 만나 확인했다. 이 과정에서 오랜 기간 알렌의 유가족들과 인연을 맺은 재미교포 의사인 허정 박사의 도움이 큰 힘이 되었다.

　　대한황실문화원의 이원 총재는 오하이오주 톨레도를 방문해 증손녀 리디아 알렌과 가족들을 만났다. 대한제국 선포 120년 만에 이루어진 만남으로, 고종과 알렌의 후손이 직접 만나는 의미 있는 순간이었다. 대한제국 황사손의 방문에 조그마한 마을에 사람들이 모였다. 화기애애한 분위기 속에서 '화조도접선'을 비롯해 편지, 사진 등 30여 점을 전달받았다. 이 유물들은 현재 서울역사박물관에 기증되어 전시되고 있다.

목과 팔이 잘린 조각상

17

'신들의 통곡'으로
가득 찬 뮤지엄

문화재는
'욕망을 담은 그릇'일까

1986년 5월 어느 날 노량진 인근의 극장에서 영화 「인디아나 존스」를 관람했다. 당시 「인디아나 존스」는 큰 인기를 끌었던 오락영화로 그 후 시리즈로 제작이 되었다.

영국과 독일이 식민지를 사이에 두고 경쟁하던 시기, 영국인 존스 교수가 어찌어찌해 이집트에서 '여호와의 성궤'를 발견하게 된다. 그리고 그것을 차지하기 위해 존스와 독일군이 경쟁하면서 벌어지는 파란만장한 사건들이 영화의 줄거리다. 액션과 로맨스를 뒤섞어 놓은 오락영화였는데 마지막 장면이 인상적이어서 오랜 시간 기억에 남아 있다.

성궤를 갖고자 하는 욕망으로 가득찬 독일군들이 우여곡절 끝에 성궤를 차지하지만 성궤를 여는 순간 하늘에서 불길이 내려와 독일군은 모두 불에 타죽고 만다. 반면 욕망의 눈을 감고 있던 존스 교수는 기적처럼 살아남는다.

사람들은 내게 문화유산의 회복 활동과 관련해 어떤 교훈을 얻을 수 있는지 종종 묻곤 한다. 그때 대답으로 자주 인용하는 부분이 이 영화의 마지막 장면이다.

문화유산은 인간이 영원, 절대, 최고를 좇다가 만들어 낸 '욕망을 담은 그릇'이라고 생각한다. 후세의 사람들이 탐욕을 갖는 순간 잠자고 있던 욕망의 그릇이 깨어나 요술을 부릴 수도 있다. 「인디아나 존스」의 여호와의 성궤가 그랬던 것처럼.

세계 주요 박물관들의 모임인 '비조그룹The Bizot group'이 있다. 비조그룹에 가입되어 있는 박물관들은 식민지에서 문화재를 강탈하며 제국주의 시기에 급속도로 성장했다는 공통점이 있다. 이들은 2002년, "문화유산은 세계 공동의 인류 문명"이라고 주장하며 문화유산을 원산지로 반환해야 한다는 목소리에 반대하는 선언문을 발표했다.

> "문화유산은 세계 공동의 인류 문명이니 꼭 원산지에 있을 필요가 없다. 보관 잘 하는 곳에서 전시하면 보고 싶은 원주민들이 찾아와서 보면 된다."

이들의 주장에는 '정의'의 가치가 아닌 '제국주의 약육강식'의 논리가 숨어 있다. 이들의 소장품 중 반환을 요구받는 대부분은 제국의 총칼 앞에 약탈당한 식민지 나라들의 문화유산이다. 식민지를 겪었던 나라들이 '공동의 인류 문명'을 위해 스스로 헌납한 문화유산이 결코 아니다. 만약 비조그룹의 주장대로 반환을 요구하는 과거 식민지 나라나 약소국들이 자국의 문화유산을 잘 보존할 여력이 없어 자신들이 소장해서 보존하고 있는 것이라면, 문화유산의 진정한 가치가 실현될 수 있도록 문화유산이 발생한 원산국들이 잘 보존할 수 있게끔 도와주는 것이 가해자가 가져야 할 최소한의 양심 있는 행동이 아닐까.

문화 국제주의의 본산,
비조그룹

이처럼 약탈한 문화재를 세계 공동의 유산으로 규정하고 자기 곳간에 숨긴 채 돌려주지 않으려는 행태를 '문화 국제주의'라고 한다. 제2차 세계대전의 종전과 함께 무력을 앞세운 제국의 시대는 끝나는 듯했지만 약탈한 문화재를 인질로 삼아 과거 식민 피해 국가들을 농락하고 있는 문화 국제주의는 여전히 계속되고 있다.

이러한 의미에서 문화유산은 민족과 국가, 종족과 지역 등 그 유산이 유래한 공동체의 기억과 연결되어 있다. 제2차 세계대전 이후 독립한 국가들의 완전한 독립은 빼앗긴 문화유산의 원상회복이 완결된 후에야 비로소 이룰 수 있는 것이다.

비조그룹과 반대되는 가치를 지향하는 단체는 국제박물관협의회ICOM: International Council of Museums다. 1946년에 설립된 국제기구로 전 세계 145개국 35,000여 개의 박물관이 참여하고 있다.

"문화유산은 제자리에 있을 때 그 진정한 가치가 실현된다."

국제박물관협의회는 문화재가 처음 발생한 나라의 입장을 강조하면서 '문화 국가주의'를 실현하고자 한다. 모든 박물관은 보유하고 있는 소장품에 대해 합법적 소유 사실을 입증해야 하고, 문화유산의 과거 내력을 공표해야 하며, 원산지 사람들과 협력을 통해 유산의 기원을 밝혀야 한다는 내용이 이들의 윤리강령에 분명하게 표시되어 있다.

신들의 통곡으로 가득한
세계의 대형 박물관들

문화유산의 회복 활동을 하며 십수 년 동안 세계의 유명한 박물관들을 다녀 보았다. 런던 영국박물관, 파리 루브르박물관, 파리 국립기메아시아박물관, 뉴욕 메트로폴리탄박물관, 보스턴미술관, 하버드대학박물관, 도쿄국립박물관, 교토국립박물관, 모스크바 국립동양박물관, 상트페테르

도쿄국립박물관

하버드대학박물관에 소장되어 있는 우리 문화재

부르크 표트르대제 인류학민족학박물관 등 세계 곳곳의 100여 박물관들을 탐방했다. 그런데 제국주의 시대를 거치며 성장한 대부분의 대형 박물관을 방문할 때면 마치 '신들의 통곡' 소리가 들리는 듯했다. 박물관이 신들의 통곡으로 가득 차 있었던 것이다. 그 박물관들에는 이집트 고대 석상, 중국 둔황석굴, 그리스 파르테논 신전, 캄보디아 앙코르와트, 페르시아 신들의 주검 등 약탈 문화재가 즐비했다. 그중에는 목이 잘리거나 팔다리가 없거나 얼굴만 남은 조각품들도 수없이 많았다. 그곳들은 마치 박물관의 이름을 가장해 온갖 신들의 시신을 팔고 사는 시장 같았다.

이런 야만적인 행위는 지난 수세기 동안 거침없이 이어져 왔다. 박물관들은 이를 부끄러워하기는커녕 야만의 광풍을 숨기지 않고 오히려 자랑스럽게 전시했다. 신전에 있어야 할 신들은 정복자가 획득한 전리품이 되었고, 돈을 벌기 위한 장사꾼의 상품이 되었다. 심지어 사제라는 자들도 팔자 콧수염을 점잖게 비벼대며 고대인의 신들을 공부한다는 명목으로 신전의 소중한 부위를 뜯고 자르고 뽑은 것들을 가져와 진열해 놓았다. 도대체 무슨 이유로 그들은 신들의 형상을 그리 조각조각 부숴 바다를 건너고 대륙을 넘어 그 먼 곳까지 옮겨 왔을까.

동방의 조그만 나라 한국도 예외가 아니었다. 사실 수집가나 장사꾼의 입장에서 한국의 유물은 묘한 매력이 있었다. 중국은 거대하고 일본은 소소하지만 우리나라는 인간미가 있다. 남들과는 다른 자신만의 지성과 휴머니즘을 뽐내고 싶었던 그들에게 오백 년에서 천 년씩 왕조를 이어 온, 역사 깊은 한국의 유물들에 담긴 '스토리'는 매우 매력적으로 다가왔을 것이다.

보스턴미술관에 있는 '고려 사리함'이 그 대표적인 예다. 석가모니불을 비롯한 세 분의 부처와 인도 왕자 출신 지공선사, 그리고 "청산은 나를 보고 말없이 살라 하고 창공은 나를 보고 티 없이 살라 하네"라고 노래했던 나옹선사의 사리가 합장된 특별한 사리함이다. 이 사리함은 일본인이 개성의 화장사 또는 양주의 회암사에서 불법으로 도굴한 것으로 추정된다. 보스턴미술관은 이를 1939년 일본인에게서 매입했다. 큰 사리함은 금은으로 만들었고, 높이 22.5센티미터에 라마탑 모양이 특징이다. 나옹의 후학이 조선 개국에 일조한 무학대사이니 이 사리함은 고려뿐만 아니라 조선의 불교도 상징하는, 일종의 가문의 공동묘지와도 같은 의미를 지닌 소중한 유물이다.

보스턴미술관은 한국 불교계의 반환 요청에 '사리'는 인체의 성분으로 박물관 거래 금지 품목이니 한국에 돌려줄 수 있다고 했다. 하지만 한국 정부가 사리함(관)을 빼고 사리(시신)만 받을 수 없다고 하자 반환할 수 없다고 돌아선 뒤로 지금까지 보관하고 있다. 관도 없이 시신만 받으라는 이야

보스턴미술관에 있는 고려 사리함, 사리는 인체의 성분으로 거래 대상이 아니다.

기인데 참으로 야만적이고 무지한 발상이라는 생각이 든다.

사리함은 단순히 사리를 담기 위해 제작된 아름다운 공예품이 아니다. 그 안에는 불교의 내세관이 깃들어 있으며, 최고의 세공 기술로 심혈을 기울여 사리를 모셔서 부처님과 대사들의 가르침을 후세까지 전하고자 했던 우리 선조들의 바람과 정성의 산물임을 알아야 한다. 고려 사리함은 세 분의 부처님과 두 명의 고승 사리를 한자리에 안치한 한국 불교 성물 중의 성물이다. 고려 사리함을 환수하는 것은 부처님과 대사들의 무덤을 되찾는 것뿐만 아니라 이들의 가르침을 후손들에게 전하고자 한 우리 조상들의 염원을 되찾는 것과 같다 하겠다.

일본 국보가 된 신라 연지사종

18

한국 문화재가
일본 국보로 지정되다

고대에는 '요청자'에서,
중세 이후 '약탈자'로 바뀐 일본

일본의 교토, 오사카, 나라에 있는 문화유산을 볼 때마다 그 그림자를 통해 우리의 역사와 문화를 마주하게 된다. 지금은 문화유산 서열화 문제로 등록번호제가 폐지되었지만 일본 국보 1호의 지위를 오랫동안 유지했던 교토 교류지의 미륵보살반가사유상이 대표적인 예이다. 나라현의 호류지아스카시대를 상징하는 불교 사찰에는 고구려 승려 담징이 그린 금당벽화와 백제 관음상이 있다.

일본은 고대 이래로 한반도에서 전래된 문명을 바탕으로 '아스카시대'를 열고 자신들의 문화를 일구어 왔다. 그러나 문명이 전달되는 과정은 늘 협력적이진 않았다. 그 분기점은 7세기 신라와 당나라 연합군에 맞선 백제와 일본과의 연합군이 전투에서 패한 이후라 할 수 있다.

백제와의 연합 전투에서 패한 일본은 신라의 침공을 방어할 목적으로 대마도에 금전성金田城을 축조하면서 이전과는 다른 양식의 성을 짓는다.

이후 1274년 여몽연합군의 침공을 겪은 후 일본에게 한반도는 두려움과 긴장의 대상이 되었다. 이러한 역사를 겪으면서 일본도 더 이상 요청하는 지위에만 머물지 않게 된다.

1350년경을 기점으로 왜구들의 한반도 침략이 빈번해지기 시작했다. 1400년대까지 50여 년간 530여 회에 이르는 침략으로 이 땅의 수많은 인명이 살상, 납치되고 곡물은 물론 문화재들이 약탈당했다. 심지어 고려의 왕도인 개성까지 침입한 왜군은 왕의 사찰인 흥천사에서 '쇠북金鼓'과 '수월관음도'까지 약탈해 갔다.

1592년 임진왜란 당시에는 문화재 약탈이 더욱 조직적이고 체계적으로 이루어졌다. 조선을 침공한 도요토미 히데요시는 문화재 약탈 특수부대까지 편성해 도자기, 서적, 금속공예품, 보물 등을 집중적으로 약탈해 갔다. 이런 이유로 당시의 전쟁을 '문화재 전쟁'이라 부르기도 한다. 이 보

되찾아와야 할 우리 문화유산, 쇠북

물들은 도요토미가 죽자 뒤를 이어 집권한 도쿠가와 이에야스를 거쳐 일본 왕실과 신사, 사찰 등에 흩어져 보관되었다.

1876년 강화도조약 이후 일본은 더욱 치밀하고 조직적으로 조선을 침략해 한반도의 문화재들을 약탈하기 시작했다. 일본은 '고적 조사'라는 명분으로 고분과 사적, 사찰 등지에서 유물조사를 진행했고, 이는 후에 본격적으로 이루어질 약탈품 목록의 기초가 되었다. 1905년 을사늑약으로 대한제국을 실질적으로 접수한 통감부는 고려청자 수집광인 초대 통감 이토 히로부미에 이어 고문서 수집광으로 알려진 2대 통감 소네 아라스케까지, 그리고 그 뒤를 이어 총독부 통치 35년간 헤아릴 수 없이 많은 양의 문화재를 약탈하고 훼손, 파괴했다.

약 30만 점의 한반도 문화재,
그중 150여 점이 일본 정부 지정 문화재

현재 일본에는 한반도에서 반입된 문화재가 얼마나 있을까? 정부 공식 발표에 따르면 8만 2천여 점에 이르고, 일본 학계의 보고에 따르면 30만 점 이상이 있다. 또한 최상, 최고 수준의 문화재도 즐비하며, 일본을 통해 유럽과 미국 등으로 팔려 나간 것도 부지기수라 한다.

일본 문화청은 홈페이지를 통해 일본 정부가 자국의 중요문화재로 공식 지정한 한국 문화재를 소개하고 있다. 2020년 기준으로 모두 112건에 이른다.

이를 시대별로 나눠 보면 삼국시대 17건, 고려 75건, 조선 20건이다. 시대 표기 중에 임나任那와 이조李朝는 역사를 왜곡한 표기로 바로잡아야 한다. 고려시대 유물이 75건으로 가장 많은 것은 고려 말과 조선 초에 집중되었던 왜구의 침략과 임진왜란을 관련지어 살펴보면 바로 이해가 되는 부분이다.

일본의 중요문화재 중 대표적인 한국 문화재로 일본의 국보이기도 한 '이도다완井戶茶碗'과 임진왜란 때 약탈해 간 '신라 연지사종'이 있다. 이외에도 고려시대 유산으로 불화 30점, 도자기 21점, 동종 27점이 있다.

팔찌, 금은장환두대도병, 팔가리개 등 고고자료로 분류한 10점은 고분 등에서 발굴한 고대 유물이고,『대장경』등 불경 관련 서적 15점은 임진왜란 때 서적 약탈부대인 '종군문사참모부'와 관련해 살펴봐야 한다. 불상 중에는 2012년 대마도 가이진신사에서 한국으로 반입되었다가 돌아간 신라 여래불상동조여래입상 등 신라 불상 4점도 있다.

시대별	조선시대 (일본 표기 이조)	고려시대	삼국시대와 이전 (일본 표기 임나)	합계
계	20	75	17	112

종류별	공예품	회화	고문서	고고 자료	서적 전적	조각	역사 자료	합계
계	48	33	1	10	15	4	1	112

일본 정부가 한국의 문화재를 자국의 중요문화재로 지정한 시기도 잘 살펴봐야 한다. 가장 많은 42건을 지정한 1900~1920년대는 고적 조사 등을 이유로 한국의 고분 등지에서 약탈한 수많은 문화재가 일본으로 건너간 시기이기 때문이다. 대표적으로 경천사지 십층석탑, 지광국사탑도 이 시기에 일본으로 무단 반출되었다가 국제사회의 비난 여론으로 다시 조선으로 돌아오기도 했다.

이 시기에 일본 정부는 자국의 문화재 보호를 위해 법률 정비를 서둘렀고, 1919년 「사적명승천연기념물보존법」을 제정했다. 특히 반입된 문화재의 재반출을 막기 위해 1965년 한일 문화재 반환 협상을 맺기에 앞서 황급히 한국에서 반입된 문화재의 3분의 2 이상을 자국의 중요문화재로 지정하는 꼼수를 부렸다.

누락된 문화재 파악을 위한 전수 조사가 꼭 필요하다

일본 덴리시의 이소노카미신궁에 있는 백제의 '칠지도'는 1953년 일본 국보로 지정되었다. 목조미륵반가사유상, 백제 관음상 등은 한국 기원 문화재 목록에서 빠져 있다. 1907년 부여군 규암면의 옛 절터에서 농부가 발견한 후 개인이 소장하고 있는 '백제 금동관음보살입상'의 경우 소장자가 문화재 지정 절차를 밟지 않았기에 목록에도 없다.

이처럼 일본이 지정한 한국 문화재는 전수 조사를 통해 정확한 문화재 현황과 왜곡된 표기를 바로잡아야 한다. 일본 정부는 지정 사유와 취득 경위를 밝혀 국제사회에서 요구하는 윤리적이고 도덕적인 자격을 갖추도록 노력해야 할 것이다. 과거에는 고미술품의 소유가 자랑이 되었지만 지금은 윤리적 도덕성이 뒷받침되지 못하면 비난을 받게 된다는 시대의 흐름을 일본 정부는 알아야 할 것이다.

고려 불화「수월관음도」

19

일본 국보 30점, 한국 국보 단 1점, 고려 불화 이야기

고려 불화는 전 세계 160여 점
그러나 우리나라에는 단 20점

해상무역 강국 고려는 불교국가로 국보 제32호 합천 해인사 대장경판, 국보 제45호 영주 부석사 소조여래좌상, 국보 제86호 개성 경천사지 십층석탑, 국보 제68호 청자상감운학문매병 등과 프랑스에 있는 세계 최고의 금속활자본 『직지심체요절』 등을 남겼다.

독창적이고 위대한 고려의 문화유산 중에 '고려 불화'를 빼놓을 수 없다. 고려 불화 중 「수월관음도」는 동양의 모나리자로 평가받곤 하지만 고려 불화의 제작 시기와 규모, 높은 예술성을 고려하면 모나리자보다 훨씬 높은 경지에 다다른 우리의 자랑스러운 미술품이라 할 수 있다.

지금 고려 불화는 전 세계에 160여 점이 남아 있다. 그중 한국에는 「오백나한도」를 포함해 20점만 있을 뿐이다. 반면 미국과 유럽에 10여 점이 있고 일본에는 무려 130여 점이 있다.

현재 한국에 있는 불화의 대부분도 삼성미술관 리움과 아모레퍼시픽 미술관 등에서 구입해 가져온 것들이다. 사실 고려 불화가 주목받기 시작한 것은 1978년 일본 야마토분카칸에서 고려 불화 52점이 전시되면서부터다. 그 이전에는 국내에서도 고려 불화가 잘 알려져 있지 않았다.

왜 이런 일이
벌어졌던 것일까?

고려 불화는 1350년대부터 50여 년간 집중되었던 왜구의 침략과 1592년에 시작된 임진왜란을 겪으면서 대부분이 약탈되었다. 그 결과 발생지인 한국보다 일본에 훨씬 더 많은 수의 고려 불화가 있게 된 것이다. 일본 정부가 국보나 중요문화재로 지정한 한국 문화재 112건 중에 30점이 고려 불화이지만, 한국 정부가 지정한 문화재 중 고려 불화는 1984년 국보 제218호에 지정된 「아미타삼존도」 단 한 건뿐이다. 이 또한 리움미술관이 구입해 보관하고 있다.

사정이 이렇다 보니 고려 불화 연구자들은 한국보다 일본에 가야만 제대로 된 연구를 할 수 있다는 웃지 못할 상황이 벌어지게 되었다.

고려 불화는 종교를 주제로 한 성화 중에 최고로 손꼽힌다. 서양의 르네상스 시대에 제작된 성화보다 300여 년이란 시간에서 앞서 있고, 종교적 상상력과 섬세한 예술적 구현은 가히 압도적이라 할 만하다. 더구나 그림의 바탕이 되는 비단의 직조나 재료가 되는 천연염료의 제조 등에서도 당대 최고의 기술력이 집약된 종합예술품이라 할 수 있다.

최대 규모의 흥천사 고려 불화는
어떻게 일본으로 갔나?

문화재환수국제연대 일본역사문화탐방단이 일본 나고야성박물관을 탐방한 것은 2015년 12월이었다. 그날따라 겨울비가 추적추적 내려 약간 을씨년스러웠다. 그래서인지 이른 아침에 찾은 박물관에는 우리 탐방단 말고는 아무도 없었다. 우리 탐방단을 가장 먼저 맞아 준 것은 전시장 중앙에 자리 잡은「수월관음도」였다.

바다를 건너와 만난 700여 년 전 우리 조상의 혼이 담긴 예술품 앞에서 순간 모두가 그 크기에 압도되었다. 이윽고 섬세한 표현 그리고 성화^{聖畫}로서의 경건함에 온 정신이 사로잡혔다. 이런 작품을 그린 사람은 누구였는지, 또 어떻게 여기까지 오게 되었는지 모든 것이 궁금하지 않을 수 없었다.

「수월관음도」의 안내문에는 이렇게 쓰여 있었다.

> 양류관음상^{복제}, 제작 연도 1310년. 가가미신사 소장. 진품은 현재 규슈 가라쓰^{唐津}시의 가가미신사에 있으며 나고야성박물관에는 복제품이 있다. 진품 양류관음상^{일명 수월관음도}은 고려 왕비의 소원으로 궁정 화원에서 제작한 고려 불화의 걸작품. 그림 하단의 중앙부에 있는 묵서명을 보면 고려에서 제작된 후, 곧바로 일본에 전해져 남북조시대 말인 1391년 승려 료켄에 의해 가가미신사에 봉납된 것임을 알 수 있다.

안내문을 읽어 내려가며 과연 이게 다 사실일까 하는 의문이 들었다.
이런 의문 속에서 고려 최대 규모의 흥천사 불화는 1357년 9월 개성

홍천사에 침구_{침입하여 노략질함}한 왜구가 충선왕 부부의 초상화와 함께 약
탈했다는 내용의 논문, 「가라쓰 가가미신사 소재의 고려 수월관음도의
유래」를 보았다.

　방송대 이영 교수가 쓴 이 논문에는 "『고려사』 제39권, 공민왕 6년₁₃₅₇
9월 무술일_{26일}에 있었던 '왜적이 승천부의 홍천사에 들어와 충선왕과 계
국대장공주의 초상화를 가져갔다'라는 기록에 주목한다"는 내용이 담겨
있다.

나고야성박물관의 「수월관음도」. 실물 크기의 복제품으로 진품은 가가미신사에 있다.

반면 일본의 예술역사가 히라타 칸平田 寬은 「가가미신사 소장 양류관음화상」이란 제목의 글에서 이렇게 언급하고 있다.

본 그림은 기진명寄進銘이 있어서 명덕 2년1391년 승려 양현에 의해 가가미신사에 기진기부하여 바침되었음을 알 수 있다. 명덕 2년 이전의 남북조시대에 특히 격심하였던 왜구, 빈번하게 고려로부터 파견된 사절들이 일본으로 왔을 때에 가가미신사를 포함한 마쓰무라 지방 사람들이 침구하거나 또는 사적인 무역 등을 통해 고려와 깊이 교류하고 있었음을 상정할 수 있는데, 그 기간 중에 문물로 건너온 것임을 충분히 상상할 수 있다.

이에 대해 이영 교수는 외교적인 이유로 전래, 즉 선의 취득의 가능성은 생각하기 어렵다고 단정한다. 이유는 불교를 국교로 한 고려 왕조가 왕실과 깊이 관련된 초대형 「수월관음도」를 일본에 넘겨주었다는 것은 상식적으로 이해하기 어렵다는 것이다. 뿐만 아니라 "1357년 9월 26일 개성 흥천사에 침구한 왜구들이 최대 규모의 '고려 청동반자青銅飯子'와 '감지금자묘법연화경紺旨金字妙法蓮華經' 등을 약탈한 사실이 확인되었다"고 강조한다. 청동반자는 지금 대마도 다구쓰다마신사에 소장되어 있으며, 『묘법연화경』은 나베시마 호코카이에 소장되어 있다.

그렇다면 세로 4.19미터, 가로 2.54미터나 되는 최대 규모의 「수월관음도」는 누가 제작했을까? 제작 시기인 1310년은 고려 26대 왕 충선왕 복위 2년으로 당시 「수월관음도」를 조성한 왕비는 숙비 김씨이다. 숙비는 당시 맞수였던 순비 허씨와의 경쟁에서 이기고 더 큰 영향력을 행사하기 위해 궁중 화원 8명에게 명해 그해 5월에 불화를 완성한다.

이렇게 조성된 「수월관음도」는 고려 왕실의 원찰인 승천부_{지금의 개성직}할시 개풍군의 흥천사에 봉안되었다. 흥천사는 당시 원나라 황실과 고려 왕실에 밀접한 관련이 있는 곳으로 충선왕과 계국대장공주_{원 세조 쿠빌라이의}증손녀의 초상화가 모셔져 있던 곳이다.

문화재의 안내문은 일방적 주장이 아닌 역사적 사실에 기초해야

이제 나고야성박물관의 지극히 주관적인 시각으로 쓰인 안내문을 역사적 사실에 기초해 다시 풀어 써 보자.

1310년 숙비 김씨가 최대 규모로 조성한 「수월관음도」는 1357년까지 흥천사에 봉안되어 있다가 그해 9월, 흥천사에 침입한 왜구가 약탈하여(당시 약탈자 중에는 승려들도 다수 포함되어 있었다) 일본으로 가져가 보관하다가 1391년 가가미신사의 승려 료켄이 봉납한 것으로 추정된다. 「수월관음도」는 제작 후 바로 일본에 전해진 것이 아니라 50여 년은 흥천사에서, 그리고 가가미신사에 보관되기 전까지는 약탈자들의 수중에 있었을 것으로 보인다.

일본 정부는 1971년 6월 22일 「수월관음도」를 중요문화재로 지정하면서도 이 같은 역사적 사실을 밝히지 않았다. 가가미신사에 소장되기 전

최종 취득자인 료켄이 기증한 것으로 마무리했을 뿐이다. 이런 사실로 미루어 볼 때 다른 29점의 일본 문화재 지정 고려 불화에 대해서도 최소한의 과거 내력 조사도 이루어지지 않았음을 짐작할 수 있다. 어쩌다 우리의 불화가 일본으로 넘어가게 되었는지 그 경로를 밝히는 '취득 경위 조사'의 중요성과 시급함이 다시 한번 절실히 느껴진다.

Japan
Meiji Industrial Sites

메이지시기 산업시설, 군함도

20

하늘도 놀란 '메이지시기 산업시설'의
유네스코 등재

아베 정권이 메이지시기의 산업시설을
세계유산으로 등재한 까닭은?

2015년 6월 28일, 독일의 옛 수도 본Bonn에서 유네스코 제39차 세계유산 총회가 열렸다. 총회의 핵심 쟁점은 일본이 신청한 '메이지시기 산업시설'의 세계유산 등재였다.

아베 정권이 기독교 유산의 등재 신청을 보류하면서까지 오랫동안 치밀하게 준비한 메이지시기 산업시설의 등재 여부는 세계적인 쟁점이 되었다. 아베 정권은 무엇 때문에 메이지시기의 산업시설을 세계유산으로 등재하려 했을까?

일본의 근대사에서 메이지 유신이 차지하는 비중은 절대적이다. 메이지유신은 조선을 거쳐 아시아 대륙으로 뻗어 가고자 했던 도요토미 히데요시 세력의 부활과도 같았다. 조선을 침략했던 도요토미 히데요시가 죽자, 뒤를 이어 도쿠가와 이에야스가 집권을 하게 되고 일본은 그 후 260여 년 동안 조선과 화친을 이어갔다. 그리고 1868년, 그동안의 침묵을 깨고 일본은 다시 제국주의 화신으로 거듭나게 되니 그 시작은 메이지 유신이었다.

유신 세력은 왕정복고와 존왕양이尊王攘夷, 왕을 높이고 오랑캐를 배척하자는 주장를 기치로 내세워 막부정권을 몰아내고 권력을 장악한다. 그리고 제도를 개혁하고 산업화와 서구식 자본주의를 시도하는 한편, 도요토미 히데요시의 유업을 계승한다며 '정한론'을 주장한다. 이른바 조선을 정벌하고 아시아로 뻗어 나가는 것이 일본이 진정한 독립을 이루는 길이라는 논리다.

이 논리를 주장하며 메이지 유신을 설계한 자가 요시다 쇼인이다. 그는 사설학원인 쇼카손주쿠松下村塾를 운영했는데 그의 제자들이 조선 초대 통감 이토 히로부미와 초대 총독 데라우치 마사타케, 가쓰라-태프트 밀약을 맺은 가쓰라 타로 등이다. 요시다 쇼인의 유지를 이어받은 이들이 중심이 되어 일본은 바야흐로 대동아공영권 형성을 위한 제국주의의 길로 본격적으로 들어서게 된다.

아베 신조 총리가 가장 존경한다는 인물이 바로 요시다 쇼인이다. 일본 군국주의를 상징하는 장소가 야스쿠니신사인데 요시다 쇼인은 246만 명이 합사된 이곳 최상단에 이름이 올라 있으며, 야마구치현에는 쇼인신사까지 있다. 아베 신조는 이곳을 참배하면서 무슨 야욕을 꿈꾸었을까?

유네스코에 등재된 메이지시기 산업시설에는 군함도 등 23곳이 있는데 이 가운데 산업시설이 아닌 '쇼카손주쿠'가 포함되어 있다. 메이지 유신과 일본 군국주의의 요람을 유네스코에 등재하는 것을 신호로 아베 정권은 전쟁 가능 국가로의 헌법 개정을 이루어 제2의 군국주의로 향하고 있다고 의심받는다.

또한 군함도로 불리는 하시마 탄광, 나가사키 조선소, 미이케 탄광 등 7

곳은 태평양전쟁 중에 조선인 약 5만 7천900명이 강제 동원되어 고된 노역을 했던 곳이다. 그중에는 조선인뿐만 아니라 미국·영국 등 연합군 포로와 중국인 등도 포함되어 있었다.

그러나 아베 정권은 등재 유산의 기간을 '메이지시대1868~1912'로 한정했다. 태평양전쟁 중에 자신들이 외국인을 대상으로 저지른 강제노동의 역사를 은폐하고 짜깁기하려는 의도가 분명했다. 이에 국제사회는 크게 반발했다. 비판 성명이 미국, 영국, 중국 등에서 잇따라 발표되고 대한민국 국회와 강제징용의 피해자들, 사회단체의 반대 의견이 거세졌다. 문화재환수국제연대는 세계유산 등재에서 강제노동 등 추악한 역사를 인정하지 않는 등재는 역사를 은폐하고 세탁하는 나쁜 선례가 될 것이라며 총회가 열리는 독일 본에서 재독 동포들과 함께 등재 저지 캠페인을 거세게 벌였다.

국제사회와 한국의 반발로 일본의 의제는 총회에서 두 번이나 심사가 연기되었다. 총회 의장은 일본 정부에 직접 피해국인 한국 정부와 합의할 것을 종용하기에 이른다.

2015년 7월 5일, 오후 2시부터 열린 등재 심사는 "강제노동을 인정하고 기록하겠다"고 합의했다는 한국과 일본의 보고를 바탕으로 반대 의견 하나 없이 속전속결로 마무리되었다. 한국 정부는 '강제노동forced labour'이 아닌 '강제로 노역한forced to work'으로 합의함으로써 어설프게 협상을 마무리했다.

그리고 다음 날 일본 노동상은 강제노동이 없었다고 발표했고 몇 달 후 아베 총리는 한국 정부의 항의가 없었다고 인터뷰를 했다. 실로 끔찍한 결과가 아닐 수 없다.

100년의 폭염,
등재 결정 직후 쏟아진 우박

독일 본의 7월 초 낮 기온은 평균 25도를 넘지 않는다고 한다. 그러나 2015년 6월 28일, 제39차 세계유산 총회가 열리던 날은 39도까지 기온이 치솟았다. 100년 만의 폭염이었다. 이러다 보니 국제회의센터WCCB 앞에는 오가는 사람이 거의 없었고 참가자들도 그늘에 숨기 바빴다.

폭염 속에도 7월 2일부터 한국에서 온 등재 저지단 7명과 독일 전역에서 온 동포들은 총회 장소 앞에서 "강제노동 인정하지 않은 일본 산업시설 등재 반대"를 외치며 총회 참석자들에게 홍보물을 나눠 주는 등 열정적으로 활동했다. 자리를 함께한 동포 중에는 소식을 듣고 자동차로 7시간을 달려온 분과 함부르크에서 교민신문을 보고 휠체어에 몸을 의지한 채 달려온 교민도 있었다.

독일 경찰은 총회 장소 앞이라 그늘막도 설치할 수 없다고 하다가 이튿날부터 텐트 설치를 허락했다. 폭염 속에도 멈추지 않는 우리의 활동에 각국의 총회 참석자들이 방문해 격려를 하곤 했다. 세네갈에서 온 참석자는 음료수와 과일을 주었고, 프랑스 참석자는 지금 회의장에서 "당신들의 캠페인이 화제다"라며 격려의 말을 전하고 갔다.

외신들의 취재도 이어졌다. 로이터 통신, UPI 통신, 신화통신이 방문 취재하고 인터뷰를 요청했다. 그러나 무슨 이유에선지 한국의 언론사는 단 한 곳도 교민들과 우리의 캠페인에 대해 방문 취재를 하지 않았다. 교포신문 등이 연일 현장을 취재하면서 "총회장에 참석한 한국 기자는 왜 한 번도 이곳을 취재하러 오지 않나?"라며 의심할 정도였다. 이후에도 국내 보도진의 직접 취재는 이루어지지 않았고 외신들의 보도가 이어지자

문화재환수국제연대와 재독 동포들이 총회 장소 앞에서 등재 저지 캠페인을 벌이고 있다.

외신을 인용해 보도하는 정도에 그쳤다.

일본 산업유산의 등재 보류가 된 4일, 국내 방송에서 '등재는 무산될 것'이라는 뉴스가 나왔고 이를 본 등재 저지단은 서로의 등을 두드리며 성과를 자축했다.

그러나 다음 날 아침 일본 취재단의 한마디에 분위기는 싸늘히 식어 버렸다. 일본의 한 언론사 특파원으로 한국에서부터 등재 저지 활동을 취재하던 모 기자가 "어제 한국 정부와 합의했으니 오늘 등재될 것"이라며 "폭염에 고생들 많았고 여러분들의 캠페인은 총회장에서 화제였다"고 촌평하자 이 말을 듣고 있던 이들 모두가 한국 정부를 강하게 비판하기 시작했다.

총회에 참석한 한 중국인은 총회 참석 자격을 빌려줄 테니 결정이 나

기 전에 회의장에 들어가서 항의하라고 격려해 주었지만 외부인의 회의
장 참석은 불가능했다. 이날 오후 3시 등재가 결정되었고 한국의 외교부
차관은 동포들로부터 거센 항의를 받으면서 그 자리를 떠났다.

지금도 잊지 못할 그날의 한 장면이 떠오른다.

등재 발표 이후 1시간이 지나자 하늘이 순식간에 먹구름으로 덮이더
니 우레와 함께 손톱 크기의 우박이 쏟아졌다. 그날 여러 곳에서 유리창
이 파손되었다는 소식을 들었다. 강제징용으로 끌려가 억울하게 죽어간
원혼들의 탄식이 아니었을까 싶은 생각에 마음이 한없이 무거웠다.

역사를 왜곡하는 나쁜 사례,
등재 취소로 바로잡자

아베 정부는 유네스코의 권고를 끝내 이행하지 않았다. 2015년 등재
당시 일본 대표는 "한국인 등이 가혹한 환경과 조건에서 강제 노역했다
는 사실을 인정하고 정보센터를 설치하며 희생자들을 기리기 위한 조치
를 취하겠다"고 했지만 아직까지 이행하지 않고 있다.

세계문화유산위원회는 두 차례에 걸친 결정문에서 일본 측에 '2015년
권고를 이행할 것'을 요구하고 '2019년 12월 1일까지 결과 보고를 세계유
산센터에 제출할 것'을 요구했다.

2018년 문화재환수국제연대는 '메이지 산업유산 모니터링'을 실시했
다. 하시마군함도를 포함하여 7곳을 방문 조사한 결과, 단 한 군데도 강제
노동을 인정하거나 희생자를 기리는 조치가 되어 있지 않았다. 오히려 해
설자들은 "당시 조선인 청년들이 자발적으로 참여해 산업 발전에 기여했

다"고 터무니없는 주장만 늘어놓았다.

일제강점기 강제동원의 피해 문제는 여전히 일본의 과거사 청산에서 중요한 과제다. 2019년 한일관계가 악화된 이유도 강제징용자 피해 문제가 해결되지 않았기 때문이 아닌가.

가깝고도 먼 이웃 나라 일본에 독일처럼 지속적인 반성과 진심 어린 사죄, 합당한 배상으로 나치 청산을 위해 노력하는 모습을 기대하는 것이 어리석은 짓일까.

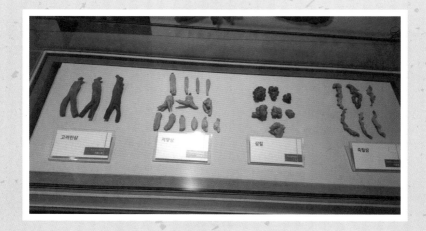

세계 여러 나라의 삼

21

고려인삼은
독립운동 자금이었다

세계에 고려를 알린
고려인삼

개성은 고려의 왕도였다. 그러나 세계인들에게 더 많이 알려진 것은 고려의 수도 개성보다 고려의 인삼이었다. 개성 예성강 하구의 벽란도는 무역상들의 교역 중심지였다. 이곳에 중국과 일본, 아라비아, 페르시아 상인들이 고려의 인삼을 구하기 위해 몰려들었다. 오직 한반도에서만 자라는 고려인삼의 효능을 세계인들은 이미 그 시절부터 잘 알고 있었던 것이다. 이들의 왕래로 고려 KOREA는 세계에 알려졌고 지금의 '코리아'가 되었다. 이처럼 세계에 고려를 알린 인삼에는 다른 나라의 그것과는 다른 특별한 무엇이 있었을 것이다.

북한도 오랫동안 고려인삼을 내세운 다양한 판매 전략을 세워 왔다. 북한의 8부작 드라마 「임진년의 심마니들」은 일본의 수탈에 맞서 고려인삼을 지키려는 주인공들의 분투를 그렸다. 과거엔 김정일 위원장까지 나서서 북한의 고려인삼을 알리려는 노력을 다양하게 시도하기도 했다.

일제강점기,
고려인삼은 '독립자금'

충남 부여군에 '인삼박물관'이 있다. 인삼의 역사와 가치, 한국 사회에서 차지하는 의미 등을 알기 쉽게 전시해 놓았다. 이 중에서 가장 눈에 띄는 전시물은 우리 인삼을 다른 나라의 삼蔘과 비교해 놓은 것으로 모양이나 색깔, 성분 등의 확연한 차이를 한눈에 알아볼 수 있게 해놓았다. 한국의 삼은 미국, 캐나다의 서양삼이나 중국의 삼칠, 일본의 죽절삼과는 모양부터 확연히 다르다. 무엇보다 사람의 형태를 닮은 삼은 오로지 고려인삼뿐이다.

세계인들에게 우수한 품질을 인정받은 고려인삼은 예부터 귀하게 여겨졌고 가격 또한 비쌌다. 고려인삼은 17세기에 이르러 중국에서 최고의 대우를 받게 된다.

이런 우리의 고려인삼이 일제강점기에 독립운동에도 크게 기여했다는 사실을 아는 이는 드물다. 때론 일제에 의해 강제 수탈되기도 했지만 필요한 경우엔 그 모습과 용도를 바꿔 독립자금으로 변통되었던 것이다. 임시정부수립 100주년이 지나고 새로운 대한민국 100년을 기약하는 시점에서 고려인삼의 역사적 가치를 다시금 새겨 볼 필요가 있다.

김광제 국사편찬위원회 연구사의 논문「일제시기 상해 고려인삼 상인들의 활동」을 보면 고려인삼은 오늘날의 달러$와 같은 국제통용 화폐로서의 기능이 있었다고 한다. 고려인삼은 상해를 거쳐 중국과 싱가포르, 홍콩, 나아가 동남아, 북미, 중남미 등 세계 각지로 퍼져 나갔다. 상해에는 많은 인삼 상점이 있었는데 이유선의 지성공사, 한진교의 해송양행, 김시문의 금문공사, 조성섭의 원창공사, 김홍서의 삼성공사 등이 대표적이다.

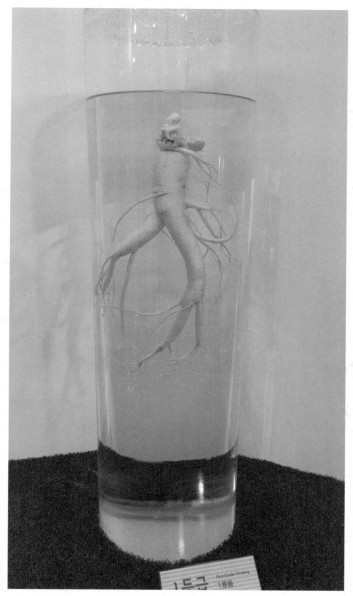

사람 모습을 닮은 것은 고려인삼뿐이다.

해송양행은 인삼 판매 수익금을 독립운동 자금으로 제공한 애국 기업이었다. 해송양행은 1919년 김규식이 파리 강화회의 참석을 위해 프랑스로 갈 때 거액의 여비를 제공했고, 1920년 안창호가 홍콩, 북경 등지로 미의원단을 만나러 갈 때도 비용을 제공했다. 원창공사는 임시정부 의정원장을 역임한 조상섭 지사가 설립한 기업으로 독립운동에 필요한 자금을 인삼 무역으로 조달해 왔다. 윤봉길 의사와 여운형 선생도 인삼 장사를 하면서 독립운동 자금을 조달했다고 하니 당시 인삼은 독립투사에게 무기와 다름없었다.

고려인삼이 국가적으로 본격 관리된 것은 1899년 대한제국 궁내부 '삼정과參政課' 설치 이후이다. 대한제국의 근대화를 추진하던 고종 황제는 필요한 재정을 인삼 사업으로 조달하려고 했다.

당시 민영익과 관련해 지금까지 풀리지 않은 수수께끼가 있다.

고종은 민영익에게 인삼의 해외 판매 전매권을 주며 홍삼 1만 근을 맡겼다고 한다. 실로 엄청난 양이다. 그러나 그때 민영익이 대한제국에 지불하지 않은 돈이 금화로 무려 600만 환에 이르렀는데, 이 돈은 1907년 대한제국 재정의 3분의 1에 해당하는 엄청난 금액이었다.

1914년 민영익이 죽자 사람들은 사라진 '민영익의 돈'을 찾아 나섰다. 그 시기 상해임시정부는 집세조차 못내 쫓겨날 처지였다. 이에 독립운동가들도 민영익의 자금을 추적했지만 결국 한 푼도 찾지 못했다. 당시 홍삼 1만 근이면 요즘 시세로 수백억 원이라 하니, 민영익의 돈이 임시정부에서 사용되었더라면 대한제국의 비극적 역사가 조금은 달라졌을까? 역사에 가정이란 없지만, 아쉬운 마음에 상상해 본다.

그 후 삼정과의 사업권은 일제에 빼앗겼다. 인기가 높은 홍삼 사업은 삼정물산_{미쓰이물산}으로 넘어가고 독립운동가들은 비전매품인 백삼만 팔 수 있게 되었다. 조국에서 생산되는 고려홍삼으로 일본 기업은 큰돈을 벌었고, 정작 이 땅의 주인인 독립운동가들은 행상으로 근근이 일제에 맞서 독립운동을 해야 했으니 이보다 더한 아이러니가 있을까.

최근 고려인삼의 종주권을 놓고 중국과 다툼이 벌어지고 있다. 우리는 일제강점기에 식물 주권도 빼앗겨 절반이 넘는 토종식물의 학명學名에 일본인의 이름이나 일본어 명칭을 붙인 사실을 알고 있다. 일본이 국제학회에 등재한 한반도 토종식물의 이름에는 약탈자인 초대 공사 하나부사 요시모토의 이름이 들어 간 금강초롱*Hanabusaya asiatica*, Nakai과, 초대 총독 데라우치 마사다케의 이름이 들어 간 백합 식물인 평양지모*Terauchia anemarrhenaefolia*, Nakai 등이 있다.

3·1 만세운동이 100년이 지난 지금 고려인삼의 가치와 역사 또한 되돌아보고 챙겨야 한다. 그리고 토종씨앗과 식물 등 여러 분야에서 생물주권이 위협받고 있는 상황에서 고려인삼의 종주권을 지키기 위한 남북 공동의 연구도 추진해 볼 만하다.

도쿄박물관의 최충헌 묘지석

22

역사의 블랙박스,
묘지석을 찾아라

묘지석은
죽은 사람에 대한 기록

일본 국립도쿄박물관 동양관 5층 한국 문화재 전시실에는 고려시대의
장군 최충헌의 묘지석이 있다. 고려 무신 집권기 최고의 실권자인 최충헌
의 묘지석이 어떻게 도쿄박물관에 있는지에 대해 알려진 것은 없다. 다만
일제강점기 당시 공민왕릉을 도굴하는 등 고려 왕도인 개성 일원을 발굴
조사했던 일본인들이 반출한 것으로 추측하고 있다.

묘지석은 부장품의 하나다. 부장품이란 장사 지낼 때 시신과 함께 묻는
물건들을 이르는데 도굴로 출토되거나 도난을 당하는 경우도 많다. 도굴
이나 도난 외에 무덤 밖에서 묘지석을 본다면 이는 산소를 이장移葬하는
과정에서 출토된 것을 다른 장소에 보관하거나, 묘지석을 제작하면서 하
나가 아닌 여러 개를 만들어 따로 보관하는 경우이다.

묘지석은 죽은 사람에 대한 기록이다. 이름, 출생기록 등과 신분, 생전
의 행적 그리고 묘소의 소재와 묘지석을 제작한 사람들을 기록해 무덤 앞

에 함께 묻는다. 묘지석은 중국 동한 시기에 시작된 이후 크게 성행하게 되었는데 한국에서는 고려시대 이후의 것들이 많이 발견되고 있다. 재질로는 검은 돌烏石이나 네모진 석판石板이 사용되다가 조선시대에 와서는 자기로 된 도판이 널리 쓰이게 되었다. 특히 흰색 바탕에 청색으로 글씨를 쓴 청화백자青畵白磁 계열의 묘지석이 많이 쓰였다. 조선시대에 이르러 모양도 원통형, 사각형, 표주형, 묘지 모양 등 다양하게 제작되었다.

현재 가장 오래된 묘지석은 충남 공주에서 출토된 백제 제25대 무령왕릉에서 발견된 지석誌石이다. 왕릉에서 발견된 지석은 무령왕과 왕비의 것으로 두 점이다. 이 지석은 왕릉의 주인이 누구인지를 밝혀 주었다는 점에서 역사적 가치가 크다. 이런 연유로 묘지석 중에 국보로 지정된 유일한 사례이다.

무령왕릉 지석의 가치는 지석에 기록된 내용을 보아도 알 수 있다. 지석이 발견되기 전까지는 무령왕의 일생에 대해 설왕설래를 벌였다. 하지만 "영동대장군 백제 사마왕이 62세 되던 계묘년 5월 7일에 붕어하시고 을사년 8월 12일에 대묘에 예를 갖춰 안장하고 이와 같이 기록한다"라는 묘지석의 내용으로 무령왕이 523년 5월에 사망했고 525년 8월에 왕릉에 안치되었으며, 왕비는 526년 11월에 사망해 529년 2월에 묘지에 안치되었다는 사실을 명확하게 알 수 있게 되었다.

또한『일본서기』에, 461년 일본 규슈 가라쓰 가카라시마의 해변 동굴에서 태어났다고 전하고 있어 지석의 내용과『일본서기』를 통해 출생 연도를 확인할 수 있었다. 이로써 무령왕은 제27대 위덕왕과 함께 출생 연도와 사망한 날짜 등이 밝혀진 아주 드문 경우에 속하게 되었다. 이런 점에서 묘지석은 역사의 블랙박스라고 할 수 있다.

미국으로 간
조선 문신 '정필'의 묘지석

2019년 10월, 문화유산회복재단 조사단은 미국 LA에 있는 한 갤러리를 방문했다. 갤러리는 한인타운의 중심지에 있었다. 관장은 재미동포 데이빗 리_{한국 이름 이창수}라는 사업가였다.

자동차 관련 사업을 하는 이 관장은 조국을 떠나 타국에서 비록 이민자로 살아가지만 자녀들에게 한국인의 정체성에 대해 알려주고 싶어했다. 고민하던 차에 한국의 문화재를 통해 한국인으로서의 자긍심을 키워주어야겠다고 생각한 그는 미국은 물론 영국 등지의 소장자와 경매장을 찾아다니며 문화재를 수집했다. 그러던 중 미국인 소장자에게서 도자기로 제작한 도판이 있다는 소리를 듣고 찾아가 만난 것이 '정필의 묘지석'이었다 한다.

역사의 블랙박스,
묘지석

1639년_{인조 17} 충주에서 태어난 정필鄭泌은 1699년_{숙종 25} 경기전 참봉이 된 이후 여러 관직을 거쳐 상의원 별제를 지냈다. 1708년_{숙종 34} 69세의 나이로 별세했다. 정필의 본관은 영일迎日, 자는 옥여玉汝, 아버지는 사헌부 감찰을 지내고 영의정에 추증된 정경연鄭慶演이며, 어머니는 사간원 정언을 지낸 이직李稷의 딸이다. 고조부가 「관동별곡」, 「사미인곡」 등을 지은 조선 가사문학의 대가이자 조선 선조 때 좌의정을 지낸 송강 정철松江 鄭澈, 1536~1593이다.

有明朝鮮奉列大夫尚衣院別提鄭公墓誌銘并序
公諱泌字玉如迎日人先君子有戈夫子八人公其
第三也公以己卯二月十日生生閏月姚 贈貞敬
夫人李氏叕祖母朴夫人命醇謹婢牧而養之幼性
至孝質慈重厚先君子憐其早失所恃教不程督而
自知讀書從諸兄受業甫成童淹貫書史時先君子
謝官家食奉侍朴夫人志物之養無不備公於讀書
之暇躬自漁獵以助溷淆之具或出外得異味輒歸
以供親厨稍長能代幹家事先君子清修恬淡日以
經史自娛家事一付之公公經營服勤不使知有無
憂丁未先君子棄諸孤公與諸兄弟共守殯側凡喪

정호가 쓴 정필의 묘지석

묘지석에서 찾은 그의 가계도이자 이력이다. 묘지석은 그의 동생인 장암 정호鄭澔가 제작했고, 형인 정필의 죽음을 애도하고 그의 삶을 기리는 글을 함께 담았다. 정호는 영조 때 우의정, 좌의정, 영의정을 역임한 인물이다.

이처럼 묘지석은 고인故人에 대한 기록뿐만 아니라 당시의 시대 상황이나 제도, 문화 등을 고증해 주는 소중한 역사기록 자원이다. 앞서 소개한 무령왕의 지석이나 백제 유민이라 불리는 흑치상지 장군의 묘지석 기록을 통해 우리는 역사적 사실에 더 가까이 다가갈 수 있었다. 묘지석은 이처럼 당시의 시대상을 엿볼 수 있는 소중한 자료로, 역사의 블랙박스라 할 수 있다.

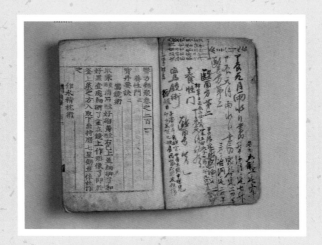

보물 제1234호『의방유취』

23

가토 기요마사가 강탈한
『의방유취』

『동의보감』보다
약 150년 앞선 『의방유취』

우리나라 사람 중 허준과 『동의보감』을 모르는 사람은 없을 것이다. 『동의보감』은 우리나라뿐 아니라 중국 등 동아시아 전통 의학을 집대성한 의학 백과사전이자 이미 17세기에 예방의 중요성을 강조하고 국민의 건강은 국가의 책임이라는 근대적 공중보건의 개념을 보여 주는 유산이다. 우리나라 국보 제319호에 지정되어 있으며 2009년 유네스코 세계기록유산으로도 등재되어 그 가치를 전 세계적으로 인정받았다.

그러나 『동의보감』을 편찬할 때 허준이 참고했던 또 다른 의학서적인 『의방유취』에 대해서는 잘 알려지지 않았다. 『의방유취』는 『동의보감』보다 약 150년 앞선 시기에 국내외의 다양한 한의학 관련 문헌을 집대성한 의학 백과사전으로, 국가 주도로 편찬된 동양 최대의 의학서적이다. 이러한 역사적·의학적 의의가 큰 유산임에도 『의방유취』는 국보도 아닌 보물 제1234호에 지정되어 있다. 그렇다면 『의방유취』는 어떠한 책이며 왜 이렇게 덜 알려지게 되었고, 또 국보도 아닌 보물에 지정되어 있는지 그 내막을 살펴보자.

책 이름에서도 알 수 있듯이, 『의방유취醫方類聚』는 임상적 처방을 병의 증상에 따라 분류하여 집성한 한의방서이다. 세종대왕의 명으로 1445년 편찬되었고, 여러 차례 교정 작업을 거쳐 성종 때 정리되어 간행된 의학서적으로, 국가의 투자와 노력이 집중된 대규모 사업이었다.

약재서적인 『향약집성방鄕藥集成方』이 1433년 편찬되자, 세종은 이번엔 조선의 의학서적을 집필하고자 했다. 이에 세종은 1437년부터 1439년까지 명나라에 파견되는 사신이나 역관들에게 중국에 있는 다양한 의학 서적을 수집하도록 하여 당나라, 원나라, 송나라, 명나라 등 중국 내 다양한 시대의 의학 문헌을 구해 이를 조선의 의학서적과 함께 취합하며 정리하는 작업을 실행해 나갔다. 집현전 학자들을 주축으로 의원들과 안평대군까지 참여하여 1442년부터 3년 동안 문헌 취합과 정리 작업 끝에 365권에 이르는 방대한 의학 백과사전 『의방유취』가 탄생하게 된다.

『의방유취』를 편찬할 때 150종이 넘는, 당시 동아시아에 존재하던 의서 대부분을 참조했고, 이 중에는 소실되어 현재 전하지 않는 의서들도 40여 종 포함되어 있다. 백성들이 잘 사는 나라를 만들고자 했던 세종대왕의 애민정신이 백성의 건강과 안위를 국가의 의무로 여기는 공중보건의 영역까지 확대되어 『의방유취』라는 현존하는 최대 한의방서이자 당대 최고 수준의 의학서적을 편찬하기에 이르렀다.

그러나 세종 때 편찬된 『의방유취』는 수집한 서적들을 단순히 분류하고 묶은 것이었기 때문에 중복되는 내용이 많았고, 임상적으로 검증되지 않았거나 심지어는 잘못된 부분들도 더러 있었다. 더욱이 300권이 넘는 분량으로 인해 활자로 간행되지 못했고 널리 보급되기에는 무리가 있었다. 이후 즉위한 세조가 『의방유취』를 재정리하는 작업을 시작했다. 1465년부터 기존에 취합한 서적과 문헌들을 다시 분류하고 내용을 다듬어 수정과 교정 작업을 진행한 끝에 12년이 지난 성종 8년인 1477년에 이르러서야 266권으로 정리했으며 완전한 판본으로 간행되었다.

기존 365권에서 266권 264책으로 정리되어 편성되었으나 여전히 방대한 분량 탓에 단지 30부만 인쇄하여 내의원과 국가에서 관리하는 여러 서고에 분산하여 보관토록 했다. 『의방유취』는 을해자로 알려진 금속활자로 인쇄되었기에 문화사적으로도 그 의미가 상당하다.

『의방유취』는 총 두 부분으로 나뉘는데, 첫 번째 부분인 총론에서는 진찰하는 방법, 처방법, 의학에 대한 일반 이론 등이 정리되어 있고, 두 번째 부분에는 실용적인 임상에 관한 내용을 담고 있다. 백성들이 흔히 앓는 질병을 포함하여 총 95가지의 질병을 다루며, 각 질병과 증상에 대응하는 처방을 취합하여 서술하고 있다. 가난한 백성들이 유용하고 손쉽게 활용할 수 있는 치료법부터 질병을 예방하는 방법과 무병장수를 위한 의학적 지식도 담고 있어 학술적·역사적 가치뿐만 아니라 실용적 가치 또한 매우 높다.

안타깝게도 세종의 명으로 1445년에 출간된 365권 분량의 『의방유취』는 현존하지 않는다. 그 후 세조의 명으로 산삭교정删削校正, 이합정리하여 성종 때 30부 인쇄되어 최종 출간된 『의방유취』의 초인본이 현재까지 전해지고 있다. 그러나 이 원본은 우리나라에 있는 것이 아니라 일본의 궁내청 도서관에 보관되어 있다. 우리나라 보물 제1234호에 지정된 『의방유취』는 201권 1책으로 비록 원본이긴 하나 266권 264책에 이르는 방대한 분량 중 단 한 권에 지나지 않은 유일한 초판본이다.

문화재 약탈 전쟁의
전리품이 되다

그렇다면 30부를 인쇄하여 각 지방의 국가 서고에서 관리하던 『의방유취』는 어쩌다 바다 건너 단 한 부만이 일본 궁내청에 남아 있게 된 것일까? 1592년, 일본은 조선을 침략하여 임진왜란을 일으킨다. 조선의 영토에서 벌어진 7년간의 전쟁은 비록 조선의 승리로 끝났지만 그 피해는 고스란히 조선의 백성들에게 돌아갔다. 일본군은 양민이나 부녀자, 아이들까지도 살상하거나 일본으로 끌고 가 노비로 삼았다.

전쟁 전에 170만 결이던 경지 면적은 전쟁이 끝나자 54만 결로 급감했고, 납치되거나 포로로 붙잡힌 사람이 10만 명이 넘는다는 기록까지 전하는 등 조선의 인명·물적 피해는 엄청났다. 그러나 전쟁의 피해는 이것이 끝이 아니었다. 임진왜란의 또 다른 이름은 문화재 약탈전쟁이었다.

임진왜란 전, 일본은 조선보다 문화적으로 많이 뒤떨어져 있었고, 조선 침략전쟁을 일으키면서 문화재 약탈을 위한 특수부대를 따로 편성할 정도로 조선 문화 약탈에 혈안이 되어 있었다. 당시 일본은 문서 식별 능력이 없던 일반 병사들 대신, 지식층이었던 승려들을 따로 파견해서 서적 약탈을 위한 특수부대인 종군문사참모부를 꾸렸다. 이때 서원과 사찰, 궁궐에서 약탈해 간 서적만 10만 권이 넘는데, 이로 인해 일본의 학문은 크게 발달하고 문화도 꽃피워 에도 막부의 전성기를 이루었으며, 현재 일본 문화의 근간을 마련하게 된다. 약탈된 서적 중에 바로 『의방유취』가 있었다. 일본군 장수 가토 기요마사는 조선의 서고를 대대적으로 약탈하고 불질렀는데, 이 과정에서 『의방유취』가 일본으로 넘어가고 나머지 분산 원간본은 모조리 소실되고 말았다.

그렇게 약탈된 원간본은 이후 12책이 분실된 채 총 250권 252책만이 남아 일본의 궁내청 서릉부 도서관에 보관되어 전해지게 되었다. 이후 일본 내에서 여러 본을 복간하여 보급했고, 이로부터 일본의 의학이 본격적으로 발전하게 되었다.

임진왜란 이후 거의 300년이 흐른 1876년 강화도조약이 체결되었고, 일본은 궁내성궁내청의 전신에 몰래 보관되어 전해지던 을해자본 『의방유취』의 원본이 정작 조선에서는 망실된 사실을 알게 되었다. 이때 강화도조약 체결을 기념하고 조선과 일본의 우호를 기원한다는 의미로 일본인 의사였던 기타무라 나오히로가 일본판 복사본 『의방유취』 2부를 조선 정부에 기증했다. 그가 기증한 『의방유취』는 금속활자로 찍은 원본이 아닌 목간본이었으나 불행 중 다행으로 원본과 같은 264책으로 이루어져 있었다.

본래 우리나라의 독자적이고 자랑스러운 의학 대백과사전이었으나 우리나라에는 남아 있지 않아 『의방유취』를 구할 수도 또 이를 연구할 수도 없었다. 그런데 오히려 약탈해 간 일본에서 역수입하여 그때서야 비로소 『의방유취』에 대해 자세히 알고 연구하게 되었으니 이 얼마나 기가 막힌 상황인가.

이렇게 조선에 기증된 『의방유취』 2부 중 1부는 장서각 도서에 보관되었고, 나머지 1부는 고종의 어의 홍철보에게 하사되었다. 일제강점기에 여러 차례『의방유취』의 복간을 시도했으나 결국 성공하지 못했고, 장서각에 보관되어 있던『의방유취』는 한국전쟁 중 이리저리 흩어져 결국 사라지게 되었다. 홍철보에게 하사된 1부는 여러 경로를 거쳐 현재는 연세대학교 도서관에 소장되어 있다.

우리의 위대한 기록유산이
단순한 고서로 취급받다

재단은 2019년 5월, 일본 궁내청 서릉부에『의방유취』의 열람을 신청한 후 허가를 받아 7월에 방문하여 2시간가량 그 원본을 열람했다. 서릉부에서 사진 촬영을 허용하지 않아 그 모습은 담을 수 없었다. 서릉부 측은 비용을 내면 복사나 마이크로 필름으로 그 내용을 받아볼 수 있다고 했다.

2019년 7월 4일『의방유취』를 열람하기 위해 방문한 일본 궁내청

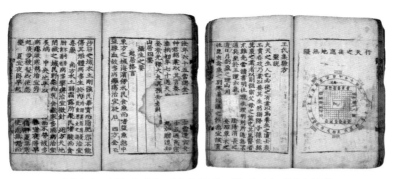

낙관이 마구 찍히는 등 제대로 대우받지 못하고 있는 우리의 보물 『의방유취』

우리나라의 위대한 유산을 드디어 만나게 된다는 사실에 매우 설레고 들떴던 것도 사실이지만 일본의 도서관에서 일본인 직원이 가지고 나오는 모습을 보는 순간 너무나 안타까워 가슴이 먹먹했다. 조그만 나무상자가 열리고 『의방유취』가 그 모습을 드러내고 펼쳐지자 흥분되고 안타까운 기분도 잠시, 보관 상태를 보는 순간 울컥했다.

제국대학교 등의 낙관 등 비슷한 빨간 도장이 표지에 함부로 찍혀 있었는데, 우리나라만이 아닌 세계적인 유산이 여기저기 떠돌아다니며 빨간 낙관으로 얼룩져 제대로 대우받지 못하고 있었다는 사실에 눈물이 날 지경이었다.

600년이 넘는 세월을 버텨오면서 그나마 화마나 수난을 피해 지금껏 전해 내려온 것 자체는 다행이지만, 제대로 된 대우나 존중, 보관 처리를 받지 못한 채 그저 여러 고서로 취급받는 것 같아 지금도 울컥하게 된다.

미국 하버드대 헨더슨 컬렉션
신라시대 뿔잔

24

하늘 아래 최고(First Under Heaven), 헨더슨 컬렉션

**헨더슨이 수집한
한국 미술품과 골동품은 얼마나 될까?**

1962년에 발표된 전광용의 소설 『꺼삐딴 리』에는 다음과 같은 장면이 등장한다.

벽쪽 책꽂이에는 『조선왕조실록朝鮮王朝實錄』 『대동야승大東野乘』 등 한
적漢籍이 빼곡히 차 있고 한쪽에는 고서의 질책帙冊이 가지런히 쌓여
져 있다. 맞은편 책상 위에는 작은 금동 불상 곁에 몇 개의 골동품이
진열되어 있다. 십이 폭 예서隸書 병풍 앞 탁자 위에 놓인 재떨이도 세
월의 때묻은 백자기다. 저것들도 다 누군가가 가져다 준 것이 아닐까
하는 데 생각이 미치자 이인국 박사는 얼굴이 화끈해졌다. 그는 자기
가 들고 온 상감진사象嵌辰砂 고려청자 화병에 눈길을 돌렸다. 사실 그
것을 내놓는 데는 얼마간의 아쉬움이 없지 않았다. 국외로 내어 보낸
다는 자책감 같은 것은 아예 생각해 본 일이 없는 그였다. 차라리 이

인국 박사에게는 저렇게 많으니 무엇이 그리 소중하고 달갑게 여겨지겠느냐는 망설임이 더 앞섰다. 브라운 씨가 나오자 이인국 박사는 웃으며 선물을 내어놓았다. 포장을 풀고 난 브라운 씨는 만면에 미소를 띠며 기쁨을 참지 못하는 듯 탱큐를 거듭 부르짖었다.

주인공 이인국 박사가 미국으로 가기 위해 미국 대사관에 근무하는 브라운 씨에게 고려청자를 뇌물로 선물하는 장면인데, 이인국 박사가 브라운 씨를 찾아갔을 때 이미 브라운 씨의 집에는 한국의 서적, 골동품, 문화재가 가득 차 있었다.

소설 속 브라운 씨와 꼭 닮은 인물이 실제로도 존재했는데 바로 그레고리 헨더슨Gregory Henderson, 1922~1988이다. 헨더슨은 1948~1950년과 1958~1963년 두 차례 한국에 머물던 7년 동안 주한 미국대사관에서 문정관과 정무참사관을 지냈다. 외교관이었던 헨더슨은 한국의 정치와 사회, 역사 및 문화에 관심이 많았고, 『한국: 소용돌이의 정치Korea: The Politics of the Vortex』라는 유명한 저서를 남긴 한국통이었다. 조각가였던 아내 마리아 헨더슨Maria-Christine Elisabeth Henderson, 1923~2008과 함께 예술에 대한 조예가 깊었던 헨더슨은 한국미술평론인협회 회원으로 활동하기도 했으며, 한국에 근무하는 동안 불화, 불상, 서예, 전적류 등 다양한 분야의 미술품과 골동품을 수집했다. 특히 헨더슨 부부는 한국 도자기에 심취했는데, 우수한 도자기들을 직접 수집했으며 미국에 잘 보이고 싶거나 미국 비자를 받으려는 사람들에게 다수의 도자기들을 선물받기도 했다. 헨더슨은 1963년에 미국으로 돌아갈 때 한국에서 수집한 도자기 150여 점과 불화와 불상, 서예작품 등도 함께 가져갔다. 1962년 「문화재보호법」이 제정되어 문화재 반출이 불가능해졌지만, 헨더슨 부부는 외교관이라는 신분 덕분에 이삿짐 검사도 받지 않았다.

헨더슨은 과연 정당한 방법으로
골동품들을 구입했을까?

미국으로 돌아간 헨더슨은 1969년 '한국 도자기, 다양한 예술Korean Ceramics, An Art's Variety'이라는 전시회를 열었고, 자신이 가지고 있는 도자기들을 소개한 도록도 출판했다. 이에 한국에서는 헨더슨이 한국에서 수집한 미술품들을 밀반출한 것이 아니냐는 의혹이 제기되었으나, 헨더슨은 오히려 한국인들이 관심 두지 않았던 미술품들을 자신이 모아서 연구하고 사랑하고 존중했던 것이라며 반박했다.

헨더슨 컬렉션_백자

후에 그의 아내인 마리아 헨더슨 역시 〈뉴욕타임스〉와의 인터뷰에서 자신들은 절대 골동품상을 찾아간 적이 없고, 반대로 전국의 골동품 상인들이 물건을 싸 들고 와서 보여 준 것이라고 주장했다. 전시회를 마친 헨더슨 부부는 뉴욕 메트로폴리탄박물관에 소장품을 100만 달러에 살라고 요구했으나 박물관 측에서 이를 거절하며 매매는 무산되었다.

1988년 그레고리 헨더슨은 집 지붕에 올라가 가지치기를 하다가 떨어져 66세의 나이에 사망했다. 그가 죽자 마리아 헨더슨은 1991년 도자기 수집품들을 남편의 모교인 하버드대학에 기증 및 판매했다. '헨더슨 컬렉션'이라고 불리는 이 도자기 수집품에는 삼국시대 토기부터, 고려청자와 조선백자 등 전 시대를 아우르는 명품 도자기들이 포함되어 있다. 하버드대학교 아서새클러뮤지엄Arthur M. Sackler Museum이 그의 컬렉션을 소장하게 된 이후 단 한 번 대중에 공개했다. 1992년 12월부터 1993년 3월까지

미국 하버드대학 아서새클러뮤지엄 헨더슨 컬렉션 백자

열린 이 전시회의 제목은 '하늘 아래 최고: 한국 도자기 헨더슨 컬렉션First Under Heaven: The Henderson Collection of Korean Ceramic'이었는데, 과연 하늘 아래 최고라는 말이 무색하지 않을 정도로 훌륭한 명품 도자기들이 전시되었다.

낙랑·가야·백제·신라시대 토기 및 도자기들과 우수한 품질의 고려시대 음각·양각·상감청자 및 조선시대 분청·백자·청화백자 등이 포함된 그의 컬렉션은 시대별로 광범위하고 체계적이며 훌륭한 양식을 갖추고 있어 해외에 있는 한국 도자기 컬렉션 중 최상급이라는 평가를 받는다. 또한 헨더슨 컬렉션은 선사시대부터 조선시대에 이르는 한국의 도자기 역사를 연구하는 데도 매우 중요한 자료가 되고 있다.

아서새클러뮤지엄의 동양미술 큐레이터인 로버트 마우리Robert Mowry 교수는 헨더슨 컬렉션에 대해 매우 자랑스럽게 생각하고 있으며 작품 하나하나가 모두 전시할 수 있는 수준 높은 것들이라고 말했다. 실제로 헨더슨 컬렉션의 고려청자들은 천 년의 세월이 무색하게 영롱하고 신비스러운 비취색을 잘 간직하고 있고 보존 상태도 양호하다.

헨더슨 컬렉션 중 많은 이들의 눈길을 끄는 작품의 하나로 신라시대의 뿔잔과 받침대가 있는데, 마우리 교수는 이 잔에 대해 다른 동아시아 국가에서는 발견되지 않은 독특한 작품이라고 평가하며 기마 유목문화와의 연관성을 보여 주는 것이라고 설명했다.

또 다른 작품인 뱀 모양의 장식이 달린 가야 토기에 대해서는 인상적인 균형미와 강건함, 구조상의 미, 그리고 균형 잡힌 삼각 세공에서 작품의 미적 가치를 찾을 수 있다고 평가하며 헨더슨 컬렉션의 고대 도자기 중 가장 훌륭한 작품으로 꼽기도 했다.

헨더슨 컬렉션 뱀 모양 장식의 가야 토기

그러나 여기서 주목해야 할 사실은 헨더슨이 이 의전용 토기에 대해 대구 달성군 양지리에 있는 장군의 무덤에서 1960년 도굴된 것으로 추정된다고 기록하고 있다는 점이다. 헨더슨 부부가 생전에 밝혔던 것처럼 자신들은 직접 찾아온 골동품 상인들에게 작품들을 구입한 것일 뿐이라며 합법성을 주장했지만, 도굴이나 도난 등 불법적인 방법으로 획득한 문화재임을 미리 알고서도 거래한 것에 대해서는 과연 뭐라고 변명할 수 있을까?

이제는 도덕적·윤리적 기준으로
문화유산을 바라보아야 할 때

헨더슨 부부의 말대로 그 당시 우리나라 사람들은 우리 문화재에 대해 관심과 애정을 갖고 있지 않았을 수 있다. 일제강점기에서 막 벗어나 미군정 시기를 거쳐 한국전쟁과 쿠데타, 군사정권까지 겪으며 사회·정치적으로 계속되는 혼란과 함께 모두가 피폐해지고 가난으로 허덕이던 시기였으니까 말이다. 그 와중에도 소설 『꺼삐딴 리』의 '이인국 박사' 같은 이른바 지식인층은 '브라운 씨'에게 잘 보이고자 우리의 소중한 문화재를 뇌물로 갖다 바치기까지 했다.

그러나 이러한 격동의 시기에 '한대선'이라는 한국 이름을 쓸 정도로 한국의 역사와 문화와 예술에 조예가 깊었던 헨더슨이 희소성 높은 최상 품질의 작품들과, 심지어 불법적으로 획득한 유물임을 알면서도 구입한 후 외교관 면책특권을 이용하면서까지 반출해 나간 것이 과연 그가 말한 한국 예술에 대한 존중과 애정인지는 좀 더 생각해 볼 문제이다.

혼돈의 시기에 우리나라 문화재를 수집해서 지켜준 문화재 애호가인가, 아니면 이를 틈타 자신의 지위를 이용해 사리사욕을 채운 반출범인가. 헨더슨에 대한 평가는 극단으로 엇갈린다. 단순히 불법·합법적인 문제를 떠나 도덕적·윤리적 기준으로 문화유산을 바라보는 시대적 흐름이 더욱 반가울 따름이다.

일본의 보검 칠지도

25

일본의 보검 칠지도와
백제의 상감기법

전설의 검,
칠지도

칠지도는 가운데 칼날을 중심으로 좌우 양쪽에 독특하게도 나뭇가지 모양의 칼날 여섯 개가 뻗어 있어 이 모습을 본떠 칠지도라는 이름으로 불리게 되었다. 총길이 74.9센티미터에 이르며 특유의 모양으로 미루어 보아 실제 무기로 사용되었다기보다는 상징적인 용도나 의례용으로 제작되었음을 유추할 수 있다.

칠지도는 일본 나라현 덴리시에 위치한 이소노카미신궁에 보관되어 전해져 내려왔다. 이소노카미신궁은 일본에서 오래된 신사 가운데 하나로 일본 최고最古의 역사서인 『일본서기』에도 등장한다. 이 신궁에는 신무천황이 일본을 평정할 때 썼던 전설의 검이 모셔져 있다고 전하며, 그곳은 사람의 발길이 닿아서는 안 된다는 뜻의 금족지禁足地라고 불렸다. 그렇게 전설로만 내려오던 칼의 존재는 1874년 이소노카미신궁의 대궁사

칠지도를 보관 중인 이소노카미신궁

였던 간 마사토모가 금족지 남서쪽에 위치한 신고_{무기 보관창고}에서 칠지도를 발견하면서 세상에 알려지게 되었다.

　이 신성한 칼은 발견 당시 매우 녹슬어 있었으나 녹을 제거하자 금으로 새겨진 글자가 나타났다. 칠지도에는 앞면에 35자, 뒷면에 27자, 총 62자의 명문이 금상감 기법으로 새겨져 있었다. 금상감 기법은 매우 고난이도의 기술로 먼저 칼에 홈을 파고 나서 그 위에 금을 박아 넣어 글자를 표현하는 방법으로, 칠지도를 만든 백제인들이 당대 최고 수준의 금속공예술을 지니고 있었음을 알 수 있다. 칠지도는 그 높은 역사적·예술적 가치를 인정받아 1953년 일본의 국보 고고자료 제15호에 지정되었다.

칠지도에 새겨진 글자가 발견되자 이를 해독하기 위해 많은 학자들이 연구를 진행했다. 그러나 62자의 글자 중 녹이 슬고 훼손되어 지워지거나 판독이 어려운 것들이 있어서 명문 해석을 두고 다양한 학설이 대립하게 되었다. 특히 한국과 일본 학계는 명문 해석에 큰 차이점을 보이는데, 주요 쟁점은 이 칼이 왜 백제에서 일본으로 전해지게 되었는지이다. 즉 칠지도가 백제 왕이 일본 왕에게 내린 하사품인지 아니면 그와 반대로 백제에서 일본에 바친 헌상품인지, 그 해석을 두고 한일 양국이 대립하고 있다.

글자 판독을 위해 엑스레이 촬영 등 다양한 방법으로 연구가 진행되었고, 이를 토대로 현재 밝혀진 칠지도의 글자들은 다음과 같다.

앞면: 泰□四年十□月十六日丙午正陽造百練鐵七支刀□辟百兵宜供供侯王□□□□作

(대□사년십□월십육일병오정양조백련철칠지도□피백병의공공후왕□□□□작)

뒷면: 先世以來未有此刀百濟王世[子]奇生聖音故爲倭王旨造傳示後世

(선세이래미유차도백제왕세[자]기생성음고위왜왕지조전시후세)

뒷면에 적힌 백제왕百濟王과 왜왕倭王이라는 글자만 보더라도 이 칼이 고대 백제와 왜국과의 관계를 알려주는 중요한 유물임을 알 수 있다. 일본은 칠지도七支刀를 『일본서기』의 「신공왕후기」에 등장하는 칠지도七枝刀라고 발표하며 백제가 왜국에 헌상한 칼이라고 주장했다. 심지어 연대를 끼워 맞추기 위해 칠지도 앞면 첫 부분의 泰□(태□)는 중국 동진의 연호인 太和태화를 표기한 것이라고 글자까지 바꿔가며 왜국의 신공왕후가 신라와 임나를 평정하고 제주를 백제에 하사하자 이를 감사히 여긴 백제가 신공왕후에게 바친 칠지도라고 주장했다. 여기서 더 나아가 칠지도는 『일본서기』의 기록이 사실임을 증명하는 증거라고 주장하며 임나일본부설을 정설화하고 나중에 조선 침략을 위한 역사적 근거로 이용하기도 했다.

그러나 백제는 무령왕릉에서 출토된 지석에서도 알 수 있듯이 독자적인 연호를 쓰던 강대국이었고, 일본이 백제가 칼을 헌상했다고 주장하는 신공왕후 49년은 서기 369년으로 근초고왕이 백제를 다스리던 시기이다. 근초고왕은 활발한 정복 전쟁과 대외정책으로 백제 역사상 가장 넓은 영토를 차지했던 정복 군주로, 평양성 전투에서 고구려의 고국원왕이 목숨을 잃기도 했다. 당시 동북아 정세와 막강한 군사력을 지녔던 백제의 국력을 고려했을 때, 강대국 백제가 왜국에게 칠지도를 '헌상'했다는 주장은 받아들이기 어렵다.

칠지도는 백제왕이
왜왕에게 하사한 칼

1981년 일본 NHK가 엑스레이로 칠지도를 촬영하고 판독하면서 이전에는 오월五月로 알려졌던 글자가 실제로는 십□월十□月이었음이 확인되었다. 따라서 앞면의 '십□월십육일병오十□月十六日丙午'라고 적힌 칠지도의 정확한 제작일을 찾기 위해 11월 16일과 12월 16일의 간지가 병오인 해를 찾아보니, 408년전지왕 4년 11월 16일에 칠지도가 제작되었음을 유추할 수 있었다. 새롭게 밝혀진 408년이라는 제작 연도 역시 『일본서기』에 기록된 연도와는 전혀 맞지 않으므로 칠지도는 백제가 왜국에 헌상한 것이라는 주장은 다시 한번 설득력을 잃었다.

명문에 대한 구체적이고 자세한 내용은 학자마다 다르게 해석하지만, 밝혀진 글자를 토대로 해석하면 대체적인 내용은 다음과 같다.

앞면: 태□ 4년 11월 16일 병오일 정오에 백번 단련한 쇠로 칠지도를 만들었다. 이 칼로 모든 병해를 피할 수 있으니, 마땅히 공손한 후왕(侯王)에게 준다. □□□□이(가) 만들었다.

뒷면: 예로부터 이와 같은 칼은 없었다. 백제 왕세자는 성스러운 말씀으로 왜왕 지늠를 위해 만들었으니 후세에 전하여 보아라.

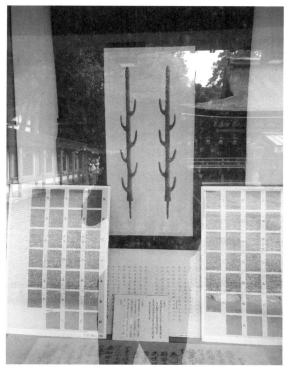

이소노카미신궁에 보관 중인 칠지도

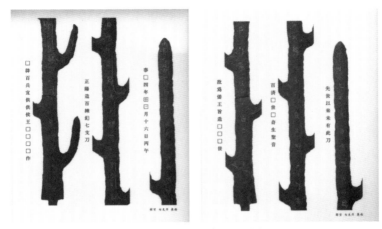

명문을 판독 중인 일본 칠지도 앞뒷면

　여기서 또 주목할 점은, 후왕侯王이라는 표현이다. 왜왕을 일컬어 후왕이라는 명칭을 사용하는데, 후侯라는 표현은 왕보다 밑에 있는 신하를 지칭하는 것으로 제후諸侯나 후작侯爵 등에 쓰이는 글자이다. 즉, 후왕은 황제와 군신의 관계를 맺고 봉국을 하사받아 통치하던 사람을 뜻하는 단어로, 기존의 일본 학계의 주장과는 다르게 오히려 백제가 위에 있는 종주국이었고, 일본은 백제에 예속되어 있던 속국이었음을 알 수 있다. 따라서 칠지도는 윗사람인 백제 왕이 아랫사람인 일본 왕에게 내린 하사품이라는 것이다.

　뿐만 아니라 뒷면에 적힌 전시후세傳示後世라는 말은 '후세에 전하여 보여라'라는 뜻으로 전형적인 명령문이다. 만약 칠지도가 백제 왕이 왜왕에게 헌상하는 칼이었다면 감히 이런 표현을 쓸 수 없었을 것이다. 아랫사람이 윗사람에게 칼을 바치면서 후세에 보일 것을 미리 결정하여 통보한다는 것은 이치에 맞지 않는다. 또한 백제의 왕세자가 왜왕의 이름旨까지 거명하고 있다는 점은 칠지도는 백제가 일본에게 하사한 칼이라는 주장을 더욱 명확하게 뒷받침해 준다.

마지막으로 고대 역사에서 칼은 절대 권력자의 상징과도 같으며, 주로 상위자가 하위자에게 하사하는 물건이었다. 제국의 황제가 제후국의 왕에게 또는 한 나라의 왕이 휘하의 장수에게 신임의 증표로 칼을 내리곤 했다. 중국의 『삼국지』 「위서 동이전」 '왜인조'에도 실존했던 왜국의 여왕 히미코卑彌呼가 사신을 보내 위나라에 조공하자 위나라 황제가 히미코를 왜왕으로 봉하며 칼과 거울, 비단 등의 보물을 하사했다고 기록되어 있다.

백제 역시 중앙집권화를 이루어 갈 때, 지방의 호족들을 중앙의 권력체계로 복속시키기 위해 유화책으로써 신표를 하사한 전통이 있었다. 이런 의미들로 보아, 칠지도는 윗사람인 백제 왕이 아랫사람인 왜왕에게 일종의 신표로써 칠지도를 하사한 것이라고 해석할 수 있다.

김천 갈항사지 동·서 삼층석탑

26

조선총독부가 부당 징발했지만,
고향으로 돌아가지 못한 문화유산들

관람객 수 세계 19위
국립중앙박물관

서울특별시 용산구에 있는 국립중앙박물관은 국내 박물관 규모 중 최대이다. 소장 유물도 38만여 점에 이르고, 이 가운데 신라 진흥왕 순수비 등 국보가 66점, 보물은 옛 보신각 동종 등 160여 점이 있다.

전 세계 박물관을 대상으로 한 관람객 방문 순위에서도 높은 순위에 올라 있다. '2016 세계 박물관 인덱스' 보고서에 따르면, 중국 국립박물관이 755만 명의 관람객이 방문해 1위이고, 우리의 국립중앙박물관은 339만 명의 관람객이 방문해 세계 19위에 올라 있다.

참고로 2위는 750만 명이 찾은 미국 워싱턴의 국립항공우주박물관, 3위는 프랑스 루브르박물관으로 관람객 수가 740만 명, 4위는 710만 명이 찾은 미국 워싱턴 국립자연사박물관, 5위는 미국 뉴욕 메트로폴리탄박물관으로 관람객 수는 670만이고, 642만 명이 방문한 영국의 대영박물관이 6위인 점으로 보아, 인구 비례와 전 세계에서 문화재를 수집한 여느 나라의 규모 등에 비해 뒤지지 않는다.

이런 점에서 볼 때 한국인의 역사 문화유산에 대한 관심과 애정이 대단히 높다는 것을 알 수 있다.

일제강점기에 징발되어 고향으로
돌아가지 못하는 지역의 대표 문화유산들

국립중앙박물관 야외 정원에는 뛰어난 조형미를 자랑하는 석조물 27점이 전시되어 있다. 전국에서 수집한 석탑과 승탑 등 불교 유물들이며, 국보와 보물로 지정된 것도 상당수이다.

대표적으로 경북 김천 갈항사지 동·서 삼층석탑(국보 제99호), 충북 충주 정토사지 홍법국사탑(국보 제102호), 강원 원주 홍법사지 염거화상탑(국보 제104호)과 원주 거돈사지 원공국사탑(보물 제190호) 등이 있다.

그렇다면 국보나 보물로 지정될 정도인 지역의 대표 문화재가 왜 서울의 국립박물관 야외 정원에 자리하고 있을까.

이유는 간단하다. 일제강점기 당시 조선총독부 등이 징발, 수집하여 '조선총독부박물관'에 보관했다가 현재에 이른 것이다.

갈항사지 동·서 삼층석탑은 신라 경덕왕 17년758에 김천 갈항사에 세워진 것으로 기단에 이두문吏讀文이 새겨져 신라의 이두 연구에 좋은 자료가 되고 있다. 탑은 1916년 경복궁으로 옮겼다가 지금의 국립박물관에 있다.

정토사지 홍법국사탑은 신라 말부터 고려 초에 불교를 널리 알린 홍법

원주 흥법사지 염거화상탑

원주 거돈사지 원공국사탑

국사의 업적을 기린 탑으로 탑비와 함께 1915년 경복궁으로 이전되었다. 이외에도 원주에서 이전한 염거화상탑이나 원공국사탑도 일본인들에 의해 반출된 사례들이다.

야외 정원의 석조물뿐만 아니라, 박물관 안에도 고향을 떠난 문화재들이 즐비하다.

충남 서산의 보원사지 금당에 있던 철조여래좌상은 고려 초기에 조성한 것으로 당시 서산 지역의 철기 문명과 깊은 연관이 있다. 서산 지역에는 야철지가 15곳에 이를 정도로 좋은 철광산이 있고, 이를 바탕으로 257센티미

서산 보원사 철불좌상

터에 이르는 거대한 철불을 조성했을 것이다. 이 철부처님은 1918년 3월에 총독부박물관으로 이운_{불상이나 보살상을 옮겨 모심}되었다가 현재에 이르고 있다. 일본에 전해 준 백제의 칠지도를 서산시 지곡면 도성리에서 제작했다는 지역 학계의 발표 등으로 보아, 충남 서산 지역의 고대 철기 문명을 밝히는 것은 대단히 중요하다.

또한 청와대에도 조선총독 테라우치가 경북 경주에서 반출해 간 신라시대 석조여래좌상이 있고, 창경궁 안에도 일제강점기 당시 옮겨 온 고려 석탑이 비지정 문화재로 안내판 소개도 없이 자리를 차지하고 있다.

이 밖에도 전북 군산의 발산초등학교에는 완주 봉림사 터에 있던 고려 석탑 등 석조물들이 자리하고 있다. 일본인 농장주 시마타니 야소야가 농장으로 옮겨 왔다가 광복 후 농장터가 학교로 사용되면서 학교 뒤뜰에 남겨져 전시되어 있는 것이다.

이처럼 국립중앙박물관을 비롯하여 전국 곳곳에는 일제강점기에 지역을 떠난 수많은 문화유산들이 있다.

**고향으로 되돌려주는 일은 일제 잔재 청산이며
지역의 문화 주권을 회복하는 일**

2019년 전국 문화기반시설 현황을 보면 국립박물관은 서울에 14곳, 부산 2곳, 대구 1곳, 광주 2곳, 세종 1곳, 경기 5곳, 강원 3곳, 충북 2곳, 충남 7곳, 전북 4곳, 전남 2곳, 경북 3곳, 경남 3곳, 제주 1곳으로 총 50곳이다. 소장 유물 현황을 보면 지정된 국보의 절반에 가까운 49퍼센트가 서울에 집중되어 있다.

국립박물관은 2017년부터 국립지방박물관 브랜드 특성화 사업을 위해 지역 문화재의 이관을 진행하고 있지만, 여전히 '팥소 없는 찐빵'이라는 비판이 이어지고 있다.

반면에 지역민들의 문화유산 회복 요구는 갈수록 높아지고 있다.

충북 충주시 동량면 하천리 주민들은 정토사지 홍법국사탑을 돌려달라 요구하고 있고, 현재 실물 크기의 모형을 제작하여 원소재지가 하천리임을 알리고 있다.

충주 정토사지 홍법국사탑

원주 시민들은 국보 제101호인 지광국사탑의 환수를 지속적으로 요구한 끝에 2019년 문화재청으로부터 지광국사탑을 원래 자리로 돌려놓겠다는 반가운 결과를 얻었다. 충남도와 서산시는 고대 철기 문명의 근원을 알릴 수 있는 보원사지 철부처님의 제자리 봉안을 위해 환수위원회를 구성하여 활동하고 있고, 경주 시민들도 청와대에 있는 신라 불상의 환수를 위해 백방으로 노력하고 있다.

이러한 지역민들의 환수 노력에 정부는 수동적으로 응하기보다 적극적으로 계획을 수립하고 지역민들의 의견을 구하는 선제적 노력이 필요하다.

2020년 5월, 「역사문화권 정비에 관한 특별법」이 제정되면서, 이전의 문화재를 점 단위의 개별적 보호 정책에서 한 발 더 나아가 문화유산이 탄생한 역사적 배경과 자연환경과 어우러지는 면 단위로 공간 개념의 보전과 유산의 가치를 발굴할 수 있는 제도적 기반이 마련되었다.

이에 근거하여 문화유산이 담고 있는 사람들의 이야기도 함께 연구하고 캐릭터, 브랜드를 개발하는 등 친숙하고 공감하는 입체적 콘텐츠를 더욱 많이 개발하기를 기대한다.

강원도와 평양에서 가져와
일본 도쿄박물관 뜰에 있는 조선 문인상

27

일본에서 구경거리가 된
수호신 '석인상'

무덤을 지키는
석인상

누구나 죽는다. 생이 있으면 멸한다. 자연의 섭리이다. 죽지 않는 것은 없다. 반드시 죽는다는 진리 때문에 역설적으로 인간들은 영원의 세계를 추구했다. 이것은 오직 인간만이 품는 욕망이다.

이 욕망 때문에 수많은 종교와 예술, 문화가 탄생했다. 거대한 피라미드나 고인돌, 진시황제의 병마갱이 그렇다. 고대에는 죽음은 끝이 아니라 또 다른 시작이라고 생각했다. 이승과 저승 세상은 둘이 아니라 하나일 뿐이다.

중세에는 이승과 저승은 돌아올 수 없는 강을 건너는 것이라고 여겼다. 현실은 고통이니 내세에서 행복을 얻고자 했다. 심지어 중세의 교회는 죽음을 공포라 조장하고 이를 이용해 장사까지 하는 몰염치의 극치를 보였다.

지금도 '죽음'을 악용하는 종교 장사꾼들이 넘쳐나고 있지만.

옛사람들은 '선인의 죽음'을 잘 지키려 노력했다. 그중 하나가 무덤을 지키는 사람 모양의 석상과 동물 모양의 석상을 조각하여 무덤 곁에 세우는 것이었다. 대표적으로 백제 무령왕릉에서 발견된 돌짐승과 지석, 등잔을 꼽을 수 있는데, 이는 외부로부터 죽음을 지키고 다음 세상의 새로운 출발을 응원하려는 생각의 집약체로 볼 수 있다.

무덤을 지키는 석인상을 세우는 전통은 중국에서 시작하여 삼국시대 때 한반도에 전해졌다. 무령왕릉의 돌짐승은 무덤 속에서 발견되었지만, 신라 성덕왕릉에서 발견된 석인상과 석수상은 무덤 곁에 세워졌던 것들이다. 무령왕과 성덕왕과는 200여 년이라는 시간차가 있었기에 무덤을 지키는 방식이 변화했다고 여겨진다.

현재 발견된 신라시대의 왕릉 중에서 석인상이 발견된 곳은 성덕왕릉, 원성왕릉, 흥덕왕릉이다. 고려시대 왕릉에도 석인상 등이 세워졌으나 대부분 훼손되었고, 직접 볼 수 있는 것은 강화도에 있는 고종의 홍릉_{강화 홍릉}과 희종의 석릉_{강화 석릉}에 있는 석상들뿐이다.

이러한 전통은 조선시대에도 이어졌다. 조선시대에는 왕릉뿐만 아니

무령왕릉 석수(돌짐승)와 지석

라 사대부, 진사생원에 이르기까지 조상의 무덤에 석상을 세우는 것이 전통이 되었다.

현재 조선 왕릉에 남아 있는 돌조각석상은 태조 건원릉부터 순종 유릉까지 42곳에 문인석 108점, 무인석 94점, 석양 192점, 석호 190점, 석마 199점 등 약 1,400점이 있다.

일본으로 끌려간
수호신들

우리나라에서 조상의 무덤을 훼손하는 행위는 철저히 금기시되었다. 그런 이유로 수천 년 이래로 고분에 묻힌 유물이 자연재해나 전쟁 등의 피해가 아니면 온전히 보전될 수 있었다.

그러나 일본인들은 달랐다. 1876년 조선과 일본의 수교 이후 일본은 군대를 앞세워 제물포를 거쳐 한양으로 거침없이 들어왔다. 그중에는 골동품 장사치들도 많았다.

이들은 조선인은 상상도 못 할 곳의 유물에 손을 대기 시작했다. 처음에는 사찰이 있던 곳의 석탑이나 장명등을 반출하더니 점차 왕릉이나 유서 깊은 고분도 뒤지기 시작했다.

이곳에는 대부분 '수호신'이 있었다. 무덤을 수호하기 위해 문인과 무인 한 쌍식을 세우고, 양과 같은 동물의 석수石獸를 함께 세웠다.

일본인들은 무덤 속의 유물을 뒤지고, 무덤을 지키는 석상들을 통째로 들고 가져가서 정원의 조경석으로 썼다. 수호신이 구경거리가 되어 버린 것이다.

일본 교토박물관에 있는 문인석과 석양

　한때 일본 교토박물관의 야외 정원에 조선 왕릉에서 반출해 간 석인상을 일본 왕궁이 있는 에도성을 향해 참배하도록 배치한 모습이 알려져 충격을 준 적 있다. 조선의 수호신이 일본 국왕에게 충성을 맹세하는 것처럼 보이게끔 일부러 조작했다는 것이다.

　실제로 북관대첩비를 끌고 가 인질로 삼고, 조선 임금의 투구와 갑옷을 가져가 볼모로 삼은 것으로 보아, 일제의 문화재 약탈은 단순히 경제적 이익이나 문화 연구를 넘어 역사를 왜곡하고 조선인의 혼을 끊고자 했던 것으로 보인다.

　일제강점기에 일본으로 건너간 문인석들은 지금도 도쿄박물관, 네즈미술관, 교토박물관의 정원에 다수가 전시되어 있다. 문화유산회복재단은 2020년 1월 교토의 한 음식점 정원에 국내에서도 흔치 않은 고려 장군석을 비롯하여 12점의 석인상이 늘어서 있다는 제보를 받고, 현장 조사를 벌이기도 했다.

교토의 한 음식점 정원에 늘어서 있는 석인상들. 135~210센티미터에 이르는 석인상 12점이 있다.

문화재청의 조사에 따르면 국외로 반출된 석인상은 일본, 미국, 독일, 영국, 프랑스에 29점이 있다고 밝혔으나, 이번에 발견한 교토의 석인상만 14점인 것으로 보아, 여전히 미확인된 부분이 많을 것으로 예상된다.

우리 조상의 정신이고 이승과 저승의 수호신인 석인상 등을 환수하려는 곳이 있다. 대표적으로 '우리옛돌박물관'이다. 2001년 '우리옛돌박물관'은 일본인으로부터 문인석 47점을 비롯해 장군석, 동자석 등 70점을 환수하여 전시하고 있다.

독일의 로텐바움박물관은 무덤을 지키는 석인상이 거래의 대상일 수 없다며 2019년 소장하고 있던 조선시대 문인석 한 쌍을 자발적으로 반환했다.

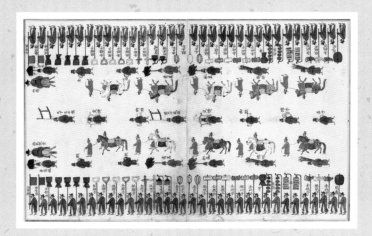

영조 정순왕후 『가례도감의궤』
(출처: 국립중앙박물관)

28

소유권 없는 반쪽 귀환
'외규장각 의궤', 또 다른 시작

소유권 없는
반쪽짜리 귀환

> 정병국 문화체육관광부 장관은 14일 고국으로 귀환한 외규장각 의
> 궤도서와 관련, "분명한 실질적 환수이며, 앞으로 여러 가지를 고려해
> 서 유네스코 세계기록유산 등재와 문화재 지정 등을 결정할 것"이라
> 고 말했다. 〈아주경제〉, 2011.04.14.

그로부터 8년이 지난 2019년, 홍영표 국회의원이 공개한 문화재청의
답변 내용을 보면 그 어떤 진전 사항도 없음을 알 수 있다.

1. 프랑스 국립도서관 소장 외규장각 의궤는 '5년 단위 갱신 가능한
   대여' 형식으로 반환되었다.
2. 현재까지 국가 지정문화재 지정 절차가 진행된 바 없다.
3. 소유권 이전 문제 등은 '임대 조건'으로 협의한 바 없다.

2011년 당시에는 소유권 없는 반쪽 귀환이라는 비판 여론에 실질적 환수이고 지정 절차를 이행할 것이라고 밝혔지만, 아직까지 어떤 협의나 진행도 이루어지지 않았던 것이다.

145년 만에 귀환했지만, 미완의 환수

프랑스군이 조선을 침략한 병인양요가 일어난 해는 1886년이다. 당시 강화도 외규장각에 있던 조선 왕실의 보물들이 대거 약탈당하고 불에 탔다. 그중 대표적인 것인 『조선왕실의궤』이다. 이 의궤는 분산 보관된 여느 것과 달리 어람용으로 그 가치가 남다르다.

박병선 선생이 프랑스 국립도서관에서 외규장각 의궤를 발견한 것은 1975년이다. 약탈한 프랑스 정부는 박병선 선생이 발견하기 전까지 의궤를 중국 서책으로 취급하며 창고에 처박아 두었다. 의궤가 프랑스 국립도서관에 소장되어 있다는 사실을 발표하자 파리 국립도서관 측은 박 선생을 내쫓았다. 문화재 약탈국가로 낙인찍히는 것이 두려웠을 것이다.

약탈당한 의궤가 프랑스 도서관에 있다는 사실이 국내에 알려지자 이를 반드시 돌려받아야 한다는 여론이 들끓었다. 한국인에게 기록문화는 특별하기 때문이다.

세계 문자 연구가인 제프리 샘슨 박사는 "한국은 언어학자에게 아주 중요하고 특별한 나라이다. 세계 최고最古의 금속활자본인 '직지'의 나라이며, 세종대왕은 '한글'을 창제했다"라고 평가했을 정도다. 더구나 조선 왕실의 중요한 행사와 건축 등을 글과 그림으로 상세하게 다룬 기록은 세계적으로 드물다.

온 국민은 의궤를 반환받자는 캠페인을 지지했고 정부도 협상을 시작했다. 1993년 프랑스 미테랑 대통령은 한국을 방문하는 자리에서『수빈휘경원원소도감의궤』를 돌려주며 한국고속철도 도입에 프랑스 고속철도 '테제베'를 끼워 팔았다.

당시 나머지 의궤들도 금방 반환할 것처럼 하더니 미테랑 대통령은 프랑스 국민들의 반대 여론을 핑계삼아 돌려주지 않았다. 프랑스는 외국 문화재라도 자국에 들어오면 자국의 것으로 취급하는 법이 있어서였다. 따라서 약탈한 의궤를 돌려줄 법이 없다며 그렇게 시간을 흘려보냈다.

자존심이 상한 한국 정부도 환수를 위해 공식기구를 구성하고, 끈질기게 협상했다. 한때 등가교환 방식의 협상이 진행되어, 한국의 희귀한 고문서 목록이 프랑스 정부에 전달된 바도 있다 한다.

외규장각 의궤가 프랑스가 강탈해 간 문화재임이 명백했던 탓에 프랑스 정부도 계속해서 반환을 미룰 수가 없었다.

21세기에 들어서면서 국제사회는 과거 불법 취득 문화재의 원상회복을 중요한 원칙으로 삼고 문화재 약탈국을 비판하기 시작했다. 합법적 소유 내력을 밝히는 것은 이제 소장기관의 몫이 되었고, 지난날에는 자랑이었던 문화재의 소유 이력이 도

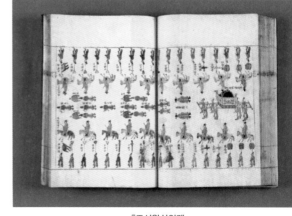

『조선왕실의궤』

덕적·윤리적 책임을 입증해야 하는 큰 부담으로 바뀌어 가고 있었다.

결국 2011년 외규장각 의궤는 대여 방식으로 한국으로 돌아왔다. 145년 만의 귀환이다. 의궤는 제자리를 찾아 한국으로 돌아왔지만 빌려온 것에 지나지 않았다. 국보급이지만 소유권이 프랑스에 있어 지정도 못 하고 전시하려면 프랑스의 허가를 받아야 한다. 언제라도 프랑스가 돌려달라면 돌려줘야 한다. 반면, 그해 일본 왕실 도서관인 궁내청 서릉부에 있던 의궤를 포함한 왕실 도서 1,205권은 완전히 우리에게 반환되었다.

당시 이명박 정부는 의궤가 돌아오자 프랑스가 처음으로 문화재를 돌려준 사례라고 홍보했다. 하지만 사실이 아니다. 멕시코 '아즈텍 달력' 사례가 있다. 파리 국립도서관에 있던 달력을 멕시코 출신 변호사가 품에 숨겨 고국으로 가져간 것이 1982년이다. 프랑스는 도난당했다며 반환을 요청했지만, 멕시코는 달력이 과거에 약탈당한 문화재였을 개연성을 주장하며 돌려주지 않았다. 문화재 약탈국인 프랑스 정부는 이 문제로 국제사회의 여론이 나빠질 것을 우려하여 임대 형식으로 멕시코 정부에 주었다가 이후 최종적으로 소유권을 양도했다.

**프랑스 정부,
과거 약탈 문화재 반환 시작**

최근 국제사회는 문화재 반환 문제에서 중요한 원칙을 세우고 있다. 1998년 나치의 약탈 문화재 문제를 해결하기 위해 워싱턴에서 회의가 열렸다. 이때 정한 원칙 중에 하나가 문화재의 출처 등 내력provenance을 소장자가 밝혀야 한다는 것이다. 과거에는 유물을 돌려달라는 사람들이 유물이 불법적인 방식으로 반출되었다는 증거를 입증해야 했으나 이제는 반대로 박물관이 소장품에 대한 합법적 소유권을 증명해야 한다. 국제박물관협의회ICOM는 소장품의 원소재지 지역 주민과 협력해야 한다는 조항을 윤리강령에 명시하고 있다. 더 나아가 문화유산을 역사적이고 정신적 관점에서 바라보고, 과거 문화유산을 희귀 보물이나 전리품으로 간주하며 경제적 가치로만 여기는 태도를 배격한다.

미국은 이러한 국제사회의 원칙을 이행하려고 노력하는 국가이다. 2013년 호조태환권과 조선 왕실 어보, 국새 등의 반환은 한번 불법이면 영원한 불법이라는 원칙에서 현 소유자의 선의 취득을 인정하지 않은 사례들이다.

2017년 집권한 프랑스의 마크롱 대통령은 과거 식민지였던 서아프리카 나라들에 약탈 문화재를 돌려주고 있다. 2018년 11월 23일에는 베냉에 약탈 문화재 23점을 반환했다. 나아가 반환에 걸림돌이 되는 프랑스의 법을 개정하겠다고 밝히며, 이를 위한 법률 개정을 이행하고 있다.

프랑스에는 한국 문화재가 약 3천 점 있다. 이 중에는 '직지'와 고천문 유물, 고문서들도 있다. 한국 정부는 명백히 약탈당한 외규장각 의궤의 완전한 소유권 양도 문제를 해결하고, 나아가 불법적으로 반출된 한국 문화재 반환에 힘써야 한다. 이에 프랑스 정부도 반환 요구에 적극적으로 응해야 한다.

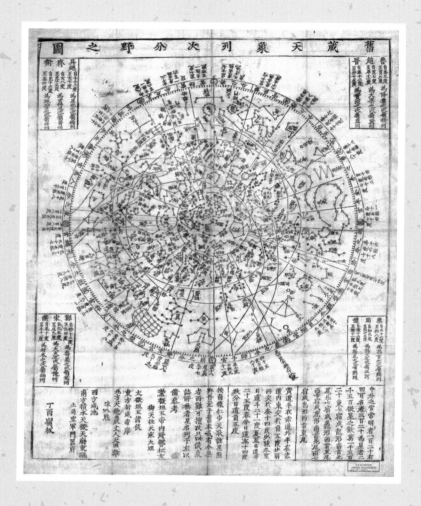

「구장천상열차분야지도」
(미 의회도서관 소장)

29

서양식 별자리 88개,
우리 별자리 280개

과학의 자산
천문관측 기록

밤하늘에 유성이 비가 오듯 쏟아지는 쇼가 있다. 쏟아지는 별을 보며 소원을 수백 번 빌려고 해보았지만 어느새 하늘의 쇼에 빠지고 만다. 간혹 불꽃을 내며 하늘을 질주하는 화구를 보면 놀람과 신비로움의 탄성을 지르기도 한다.

유성우는 혜성이 태양 주위를 지나가면서 뿌려 놓은 별똥이다. 『조선왕조실록』에는 성종 21년1490 40여 일간 21회 관측한 혜성 기록이 있다. 영국왕립천문학회MNRAS는 이 혜성의 잔해가 오늘날 사분의자리 유성우 기원이라고 밝히기도 했다. 한국의 천문관측 기록은 과거를 넘어 현재에도 유용한 과학 자산이다.

삼국시대에도 일식은 매우 중요한 천문 현상이었다. 삼국이 공존했던 660년까지의 일식 기록을 살펴보면, 백제 26건, 신라 20건, 고구려가 11

건이다. 삼국에서 백제가 가장 많은 천문 기록을 남긴 것은 매우 중요한 의미를 지닌다.

6~7세기 사비백제^{부여}는 일본의 아스카 문명 탄생에 큰 영향을 줄 만큼 문명 교류의 중심지였다. 역사서에는 백제가 일본에 역박사를 파견하고, 물시계를 제작했으며, 점성대_{占星臺}를 축조하는 등 천문학의 완전체를 전수해 주었다고 기록하고 있다.

우리나라 역사서에는 삼국시대에 490여 건, 고려시대에 5,000여 건의 천문 기록이 있다. 조선시대에도 2만여 건의 방대한 천문 기록을 남겼는데, 한 왕조가 오랜 기간 천문기록을 남긴 것은 4대 문명의 발상지에서나 볼 수 있는 전형이다. 인류가 농업혁명과 목축혁명을 통해 잉여의 경제를 앞세워 문명을 만들어내기 시작한 것이 천문학사에 남아 있는 인류의 유산이기 때문이다.

천문 관측을 기록으로 남기려면 하늘의 밝은 별들을 연결해 반드시 별자리로 만들어야 한다. 「천상열차분야지도」(국보 제228호)는 280여 개의 우리 별을 담고 있어 오늘날 서양식의 88개 별자리와 대비된다. 이 천문도는 조선 태조 때 제작한 것으로 이후 조선의 모든 천문 기록의 기준이 되었다. 「천상열차분야지도」는 고구려의 밤하늘이 담긴 「천문도」 탁본을 구해 돌에 새긴 것이었다.

한국의 천문학은
과학사의 귀중한 유산

천문 기기의 발달은 관측 자료의 정확성을 높여 주는 매우 중요한 과

국보 제228호 「천상열차분야지도」 (출처: 문화재청 국가문화유산포털)

정이다. 조선 세종 대에는 당대 최고였던 이슬람과 중국의 과학기술을 받아들여 독창적이고 창의적인 관측 기기들을 개발했다. 표준시계인 보루각 자격루의 시각 교정을 위해 '일성정시의'를 제작해 사용했고, 혜성을 관측하기 위해 '소간의'를 활용했다. 일성정시의는 낮에는 해로, 밤에는 별로 시간을 측정하는 기기이고, 소간의는 눈으로 보는 소형의 천체 위치 측정기였다.

삼국시대에는 하늘을 보는 일관日官이 있었고, 고려에는 서운관, 조선에는 관상감을 설립하여 천문 관측 기록을 남겼다. 일제강점기를 지나 대한민국의 국립중앙관상대, 국립천문대를 거쳐 한국천문연구원에 이르기까지 2천여 년간의 우리 과학기술 전통이 계속되고 있다.

영국인으로 중국의 천문학을 연구하다 조선의 천문학의 독창성을 깨달은 과학사 연구자인 조셉 니덤Joseph Needham 1900~1995이 "한국의 천문학은 동아시아 천문학 전통의 독창적인 민족적 변형이었고, 한국 천문학이

일본 국회도서관에 있는 박연의 「혼천도」. 우리의 별자리 이름이 빼곡하다.

조셉 니덤(Joseph Needham, 1900~1995)

"한국 천문학은 동아시아 천문학 전통의 독창적인 민족적 변형이었고, 한국 천문학이 만들어 낸 각종 천문의기와 기록은 세계 과학사의 귀중한 유산이다."

조선 천문학의 독창성을 극찬한 조셉 니덤

만들어 낸 각종 천문의기와 기록은 세계 과학사의 귀중한 유산"이라며 우리 천문학을 매우 높게 평가했다. 일제강점기를 거치며 안타깝게도 우리 고유의 천문학 명맥은 거의 끊어지다시피 했지만, 지금이라도 꾸준히 연구하고 조사해서 우리의 땅에서 우리 선조들의 눈으로 본 별자리 이야기를 미래 세대들에게 제대로 들려주어야 할 것이다.

무덤을 지키는 돌짐승

30

돌짐승은 정말
무령왕릉을 지켜 왔을까?

**국립공주박물관이
돌짐승을 대표 브랜드로 선정하다**

충남 국립공주박물관 입구에는 희한하게 생긴 조형물이 하나 서 있다. 머리에 뿔이 하나 난 것으로 보아 해치獬豸인가? 하고 보니 다르다. 뭉툭한 입과 코, 짧은 다리, 등에 난 갈기 등, 돼지를 닮은 듯한 이 조형물의 이름은 진묘수鎭墓獸다. 무덤을 지키는 짐승으로 돌로 만들었다 하여 석수石獸라고 도 한다. 이보다 친근한 우리 표현은 '무덤을 지키는 돌짐승'이다.

이 돌짐승을 설명하는 안내판에는 이렇게 쓰여 있다.

이 모형은 무령왕릉 널길에서 발견된 진묘수를 7배로 확대하여 제작한 것이다. 국립공주박물관은 무령왕릉 출토 국보 제162호 진묘수石獸를 박물관 대표 브랜드로 선정하고 관람객과 국립공주박물관을 지키는 수호신의 의미로 설치하였다.

진묘수는 중국 고대부터 나타나는 상상의 동물로, 무덤을 지키고 죽은 사람의 영혼을 신선의 세계로 인도하는 역할을 한다. 무령왕릉 출토 진묘수는 머리에 뿔이 있고 몸에는 날개가 달려 있으며, 신체의 일부는 나쁜 기운을 막아주는 의미로 붉게 칠해져 있다.

국립공주박물관 안내판

그렇다면 돌짐승이 국립공주박물관의 대표 브랜드로 선정된 이유는 뭘까? 수호신의 의미로 설치한 것으로 보아, 이 속에 담긴 이야기가 궁금하다. 참고로, 국립공주박물관에는 국보로 지정된 돌짐승 외에도 국보로 지정된 문화재가 19건이나 있다.

금제관장식, 금귀걸이, 은팔찌, 베개, 발받침, 청동거울, 지석…….

무령왕릉에서 출토된 유물이 총 108종 4,600여 점으로 이 중에 12건 17점이 국보로 지정되었다. 지금껏 왕릉에서 출토된 유물 중 가장 많은 유물이 무령왕릉에서 출토되었을 뿐만 아니라, 역사적·예술적 관점에서

국립공주박물관에 있는 돌짐승

볼 때 매우 훌륭한 유물이 많아 한 곳의 출토물로는 가장 많은 수의 유물이 국보로 지정되었던 것이다.

참고로 현재 국보로 지정된 문화재는 총 328건이다. 이 중에 불국사와 관련한 문화재가 다보탑, 석가탑을 포함하여 8건이 있으며 국보 제126호인 불국사삼층석탑내발견유물佛國寺三層石塔內發見遺物은 탑 안에서 발견된 유물인『무구정광대다라니경』외 27점을 한데 묶어 국보로 지정했고, 국보 제206호 해인사 팔만대장경은 모두 54종 2,835판인데, 이 가운데『묘법연화경』을 비롯한 28종 2,725판이 국보로 지정되었다.

이렇게 비교해 보니 무령왕릉에서 출토된 유물의 가치가 얼마나 높은 것인지 가히 짐작해 볼 수 있다.

웅진 백제 고분 도굴왕
가루베 지온을 기억하고 기록하다

무령왕릉이 발견된 것은 1971년이다. 왕릉의 위치는 공주 송산리에 있는 백제 왕과 귀족들의 무덤 7기가 어울려 있는 곳이다. 이와 인접한 고분이 6호분이다.

송산리 고분군은 일제강점기 당시 수많은 문화재 약탈범들의 도굴 대상이었다. 그중에 일명 '도굴왕'으로 불리는 가루베 지온輕部慈恩이라는 일본인이 있었다. 그는 1925년 3월 조선에 들어온 가루베는 1927년 공주공립고등보통학교 교사로 근무하면서 송산리 고분 등 백제 고분 약 1천 곳을 도굴한 것으로 악명을 떨쳤다. 그가 도굴한 1천여 기의 고분 중 백제 양식의 고분으로 분류된 것만 해도 730여 곳에 이른다. 그중에 무령왕릉

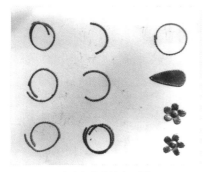

송산리 제6호분 출토유물

과 인접한 송산리 제6호분이 있었다. 1933년 그가 도굴한 6호분은 규모나 양식으로 보아 웅진 시기 백제 왕인 문주왕, 삼근왕, 동성왕, 성왕 중 한 사람의 무덤일 것이라고 한다.

당시 도굴당한 6호분의 상태에 대해 "빗자루로 쓸어도 먼지 하나 나오지 않을 정도로 토기 조각 하나 남아 있지 않았다"는 증언이 있다. 가루베가 훔친 유물의 종류와 양에 대해서는 정확히 알려지지 않았다. 그는 끝까지 자신이 저지른 도둑질과 문화재의 반출 행위를 부정했다. 1945년 일본이 패망하자 알몸으로 도망쳤다는 그의 주장과 달리 한 트럭 분량의 유물을 싣고 대구로 가서 또 다른 도굴꾼 오구라 다케노스케와 함께 일본으로 밀반출했다는 증언들이 있지만 광복 이후 한국 정부의 반환 요청에 가루베는 끝까지 오리발을 내밀었다.

자신은 조선의 유물을 도둑질하지 않았고 또 그 유물을 자국으로 반출하지도 않았다는 가루베 지온의 말이 명백한 거짓이라는 증거는 곳곳에 남아 있다. 바로 그가 수집한(또는 훔친) 유물들에 대한 기록을 스스로 남겨 놓았기 때문이다.

1946년에 가루베가 쓴 『백제미술』이 그 대표적인 예다. 공주에서 출토한 높이 7센티미터의 '금동여래상', 1930년 부여군 규암면 내리에서 출토한 높이 5.7센티미터의 '금동협시보살상', 1931년 가을 공주군 목동면 부근에서 출토한 높이 18.2센티미터의 '금동보살상' 등을 가루베가 소장한 것으로 기록하고 있다. 이외에도 허리띠 장식대금구, 큰칼대도, 순금으로 만

유물 명	출토지	출처	비고
굽은옥(曲玉 또는 玉)	공주 발견	『年譜(1932년)』	구입: 가루베 지온
금귀걸이(金製耳飾) 1쌍	공주 발견	『年譜(1932년)』	구입: 가루베 지온
금고리(金環) 2개	공주 발견	『年譜(1932년)』	구입: 가루베 지온
병(壺) 3점	공주 발견	『年譜(1932년)』	구입: 가루베 지온
간돌살촉(磨製石鏃) 3건	공주 발견	『年譜(1932년)』	기증: 가루베 지온
작은 구슬(小玉)	공주 발견	『年譜(1932년)』	기증: 가루베 지온
간석기(磨製石器)	공주 발견	『年譜(1932년)』	기증: 가루베 지온
병(壺)	공주 발견	『東博圖版目錄』 2004.3.9.	구입: 가루베 지온
연꽃그림기와(蓮花紋鐙瓦) 2개	부여	『收藏品目錄』 1956	기증: 가루베 지온
유리구슬(琉璃製小玉)	공주	『收藏品目錄』 1956	기증: 가루베 지온
간돌검(磨製石劍) 2개	공주	『收藏品目錄』 1956	기증: 가루베 지온
금동불상(銅製佛形立像) 길이 6.5센티미터	공주 부근 발견	『年譜(1932년)』	가루베의 안내로 박물관 연구원이 채집

든 귀고리, 둥근 옥환옥 등 수많은 유물에 대해 기록하고 있다. 이 유물들은 대부분 고분에서 출토된 것들이다.

그럼 누가, 언제 고분에서 이 유물들을 파냈던 것일까.

당시엔 무덤을 발굴하는 것이 조선인들에게는 금기시되고 있었다. 하지만 일본인들은 마치 보물 사냥하듯이 공공연히 조선의 무덤들을 파헤치고 다녔다.

이처럼 싹쓸이 당하듯 빼앗긴 조선의 유물들은 어디로 갔을까? 가루베가 수집한 유물들은 현재 도쿄국립박물관, 와세다대학 등에서 소장하고 있다. 전하는 말에 따르면 교토에서 골동품 상점을 하던 형제(가루베는 넷째)를 통해 흩어졌다고도 한다.

도쿄국립박물관 소장
가루베 유물

가루베가 반출한 유물을 환수하기 위해 그동안 많은 노력이 있었다. 1946년 공주박물관은 유물 환수를 위해 미 군정청에 반환 청구를 했지만 가루베 수집품은 하나도 반환받지 못했다. 1947년에도 한국 정부는 일본 연합국 사령부에 일본으로 반출된 문화재 목록을 제출하고 반환을 요청했는데 이 목록에는 가루베의 수집품도 있었다. 하지만 연합국의 명령에 일본 정부는 아무런 성의를 보이지 않았다. 1965년 한일 문화재 반환 협상에서도 한국 정부는 반환 대상에 가루베가 반출한 유물 목록을 적시하고 반환을 요청했지만 일본 정부의 거부로 이루어지지 못했다.

가루베가 수집한 유물 중에 한국으로 돌아온 것은 2006년 국립공주박물관에 기증한 기와 4점이 전부이다. 이 유물은 국립나라박물관에 위탁보관 중인 것으로 가루베 지온의 아들이 기증하는 형식으로 돌려준 것이다.

당시 소식을 접한 많은 이들은 수천여 점의 문화재를 도굴, 반출하고도 가치가 낮은 기와 4점만 달랑 기부하면서 아버지가 저지른 범죄를 면피하려는 행태에 분노했다. 국립공주박물관 역시 유물 취득 과정에서의 불법성을 인정하고 돌려받는 반환이 아니라 소장자가 선의로 전달하는 기증 형식으로 받아들여 아쉬움을 남겼다. 가루베 지온 컬렉션은 기와 4점을 기증한 것 이외에 지금까지 단 한 점의 유물도 반환하지 않고 있다.

가루베가 저지른 한국 문화재의 도굴과 반출, 은닉 행위는 명백한 불법이다. 그가 저지른 반역사적 행위들은 두고두고 역사의 평가와 단죄를 받을 것이다.

일본의 문화재 약탈자들과 일본 정부는 지금이라도 도쿄국립박물관 소장 유물 등 현재 불법 반출이 확인된 유물들을 제자리에 돌려놓아야 한다.

돌짐승이
국보가 된 사연

1971년 무령왕릉의 발견은 백제 역사에나 우리나라 문화예술사에나 커다란 이정표를 남긴 사건이다. 무령왕릉은 발굴된 삼국시대 왕릉 중 그 주인이 밝혀진 최초의 왕릉이다. 다른 왕릉들은 천마총, 송산리 6호분 등으로 불릴 뿐 그 주인이 누구인지 알 수 없다. 이유는 대부분 왕릉들이 도굴당해 무덤의 주인을 알 수 있는 기록이나 유물을 찾을 수 없었기 때문이다. 경주 앞바다에 묻혀 도굴당할 수 없는 신라 문무왕릉만이 주인을 알 수 있었다.

송산리 6호분 빗물 공사 중에 우연히 발견된 무령왕릉은 찬란했던 당시의 백제 문명을 밝혀주는 증거로 백제를 재평가하는 계기가 되었다.

발굴 당시의 기록에 따르면, 1500여 년 만에 왕릉의 모습이 드러나자 서둘러 고사를 지낸 발굴단은 조심스레 왕릉을 감싸고 있던 입구의 벽돌을 열었는데 바로 그 앞에 돌짐승이 떡하니 자리를 지키고 있었다.

높이 30센티미터, 길이 47센티미터로 크기는 작아도 머리에 뿔을 단 채 뭉툭한 입을 한껏 벌리고 입술은 붉게 칠해져 있었다. 이 돌짐승은 저승세계를 지키는 수호신으로, 보는 이들을 섬뜩하게 했으리라.

무덤을 지키는 돌짐승은 중국의 고대 고분에서도 종종 발견된다. 생김새는 각각 다른데 무령왕릉을 지키는 돌짐승이 그래도 동글동글하니 귀여성이 있다.

중국 돌짐승들의 다양한 형태

몇 해 전 공주시에서 제작한 돌짐승 애니메이션을 본 적이 있다. 날개를 활짝 펴고 날아다니는 모습이었다. 그러나 무령왕릉에서 출토된 돌짐승은 오른쪽 다리가 부러져 있었다. 아마 도망가지 말고 무덤을 잘 지키라는 뜻으로 그리 한 것이라 추측하고 있다. 중국의 진묘수들도 뒷다리 하나가 부러진 모습으로 보아 같은 사연일 것으로 보인다. 그러니 오직 무덤을 지키기 위해 다리도 못 쓰게 만든 돌짐승을 하늘을 날아다니는 모습으로 묘사한 것은 무덤의 수호신 이미지와 어울리지는 않는다.

국보 제162호 돌짐승을 문화유산회복재단의 상징으로

진묘수가 국보가 된 이유는 일제강점기에 도굴꾼들의 손길에서 무령왕릉을 수호하고 백제의 찬란한 문명을 지켜내어 후대에 알린 공로를 인정받은 것이 아닐까?

과연 다른 왕릉에는 돌짐승이 없었을까 상상해 보며, 우리의 소중한 문화유산을 지키는 상징으로 문화유산회복재단은 돌짐승을 재단을 상징하는 심벌로 사용하고 있다.

참고: 「가루베 컬렉션을 통해서 본 충남도 내 반출문화재 사례」 정규홍

문화유산회복운동은
문화 의병들의 역사 주인공 찾기

2019년, 만세운동 100주년이 되었습니다.
2020년, 새로운 대한민국 100년이 시작되었습니다.

춘래불사춘春來不似春!
봄이 왔건만 진정한 봄은 오지 않았습니다.
일제강점의 35년이 남긴 역사적 상흔이 곳곳에 있습니다.

문화유산은 우리가 미래로 나아가는 데 힘이 되는 든든한 디딤돌과 같습니다.
역사는 유산에 저장되고, 유산은 역사를 미래로 전달하는 창窓입니다.
우리는 지난날, 침략과 강점을 겪으면서 수많은 문화유산이 반출되었습니다.
1945년 이후 수많은 선각자들의 노력으로 1만여 점이 돌아왔지만 단 4건만이 국보로 지정되었습니다.

역사와 문명의 기원을 밝혀 줄 문화유산의 회복은 여전히 머나먼 과제입니다.

이 책은 십수 년간 해외 각처에 있는 한국 문화재를 찾고, 환수 활동을 벌이면서 겪은 일들을 중심으로 기록하였습니다.

우리가 잃어버렸거나, 잊고 있거나 또는 숨겨진 문화유산이 담고 있는 이야기들을 진솔하게 남기고자 하였습니다만 많이 부족합니다.

다만 이 기록이 또 다른 사람에게 조금이나마 쓸모가 있다면 큰 보람일 것입니다.

간혹 문화유산의 현장을 돌아다니다 보면 이 모든 유산은 당시 누군가의 정성으로 탄생한 생명체이구나 하는 느낌을 갖게 됩니다.

문화재를 단순히 값비싼 보물이 아니라 진정한 가치를 지닌 인격체로 생각하는 사람들이 늘어가고 있다는 것은 큰 희망입니다.

"문화유산회복운동은
기억의 힘을 바탕으로
문화 강국을 실현하고자 하는
문화 의병들의 역사 주인공 찾기입니다."

약탈당한 것을 되찾는 일. 잃어버린 선조들의 이야기를 되살리는 일.
바로 문화유산의 회복입니다.

모두가 마땅히 해야 할 좋은 일이라며 격려합니다.

하지만 이를 되찾는 과정은 상당히 복잡하고 험난하며, 오랜 시간 동안
노력과 정성을 쏟아야만 이룰 수 있는 일입니다.

문화유산에는 앞 시대를 살았던 사람들의 염원과 소망이 담겨 있기에
특별한 의미를 지닙니다. 그리고 '최고', '최대', '영원', '희귀'함을 좇고자
했던 선인들의 욕망도 함께 깃들어 있습니다.

그렇기에 오랜 인류 역사 동안 정복자들은 침략지에서 문화유산을 파
괴하고 강제로 빼앗으며 자신의 세를 과시했고, 약탈품들은 그들의 '영
광'을 되새기는 증표가 되어 버리고 말았습니다.

그렇게 빼앗긴 문화유산을 원래 자리로 돌려놓으려면 다양한 분야의
사람들이 함께 노력해야 합니다.

문화유산의 탄생과 조성 배경을 이해하려면 역사와 예술, 문화, 과학
등 폭넓은 공부가 필요합니다.

반출 경위를 조사하려면 지난 역사에 관한 풍부한 지식뿐만 아니라 소
장자의 수집 과정, 문화유산의 이동 경로 추적 등 집요한 연구와 끈질긴
탐문의 자세가 필요합니다.

마침내 빼앗긴 우리 문화유산을 회복하는 일은 정치, 외교, 학계, 언론, 민간, 재외동포 등 각계의 노력이 있어야 실현됩니다.

하여 문화유산 회복은 종합예술과도 같습니다.

(재)문화유산회복재단은 국내외 사방팔방에서 뜻을 함께하는 분들이 모인 문화 의병들의 결집체입니다. 민간단체, 기업, 재외동포, 지자체, 정부의 관심과 역량을 한곳으로 모으고자 국회에 법인으로 등록하여 활동하고 있습니다.

우리는 불법 반출된 문화유산을 되찾기 위해 복잡하고 지루한 여정을 좀 더 신나고 즐겁게 헤쳐나가고자 노력하고 있습니다.

문화유산의 회복은 합법적 소유권의 문제를 넘어, 과거 역사의 상처를 치유하는 과정입니다.

문화유산이 담고 있는 각각의 이야기를 찾아 진정한 가치를 실현하려는 흥미롭고 보람찬 여정입니다.

함께하시지 않겠어요?